GUILLAUME SOTTILE

RECUL

Récit philosophique

Table des matières

INTRODUCTION

Pour moi, ceci est bien plus qu'un livre, c'est un message qui décrit une rencontre avec un paradis que l'humanité a manqué, et qu'elle pourrait rattraper. C'est un message écrit sous la forme d'un exposé. Un message que je donne, avec mon cœur, mes mots, ma façon de penser, en tant qu'être humain à tous les autres humains.

Dans cet ouvrage, je vais essayer de vous démontrer qu'on ne vit pas dans un monde dit « normal » et qu'il est impératif de changer sa structure si l'on ne veut pas se retrouver dans un futur proche face à ce chaos inévitable. Alors certes, pour la quasi-totalité des personnes, notre monde actuel propose la vie qu'il souhaite, et cette société serait pour ainsi dire « naturelle ». Pourtant, elle ne l'est absolument pas, car la majorité de l'humanité n'est pas heureuse au quotidien. Ne devrait-on pas l'être sans exception ? Cela ne devrait pas être un but à atteindre ni la quête d'une vie, mais quelque chose d'acquis et naturel pour un être humain ayant eu déjà la chance de naître.

Nous sommes dans un monde censé vivre en harmonie totale, et pourtant, il y règne le désordre. Un monde où la criminalité et le suicide ont trouvé leur place. Ces actes en constante augmentation, qui pour moi ne sont pas l'essence réelle de l'humanité, sont rentrés dans nos mœurs. Ce sont des faits divers que chacun d'entre nous accepte, tant que l'on ne se retrouve pas affecté personnellement par l'un de ces crimes. Ces actes d'une violence extrême découlent la plupart du temps de facteurs dont le noyau dur est à mon sens l'argent. Je vous ferai cette analyse pour le démontrer durant l'ensemble de ce livre. Ces actes ne sont que le résultat d'une société gravement malade.

Si je prends l'analogie d'un récipient contenant de l'eau, représentatif de l'harmonie sur terre, je la verse dans une passoire qui représenterait notre société actuelle avec tous ses problèmes, on s'aperçoit que les fuites sont inévitables… Laissant partir petit à petit l'harmonie sur notre planète… Une solution de grande ampleur doit être trouvée pour boucher tous les trous et éviter les fuites. Je garde l'image de la passoire, nos politiciens cherchent à les boucher un par un, mais si la solution n'est pas bonne, un autre trou se crée ailleurs. Ce système n'est donc pas le bon pour notre avenir.

Nous avons les clefs pour nous permettre d'être tous heureux, et tout est une question de mentalité. Cette mentalité nécessite deux valeurs ignorées, contournées ou mises de côté et au risque de vous faire rire, il s'agit de l'amour et la connaissance. Ces deux valeurs fondamentales doivent impérativement reprendre leur place principale, être en symbiose parfaite en chacun de nous, l'un n'allant certainement pas sans l'autre.

La nature veut que l'espèce humaine évolue et vive en harmonie. Pourtant, il n'en est pas ainsi. Pourquoi cela ne se passe-t-il pas comme cela devrait être ? Pourquoi l'individualisme prime-t-il sur le collectif ? Pourquoi le travail prime-t-il sur la connaissance ? Pourquoi l'argent prime-t-il sur l'amour ?

Premier constat : L'Homme ne pourra vivre en harmonie tant qu'il accordera de l'importance à la valeur matérielle.

Le sujet de l'Homme, de son existence et de son bonheur me passionne au plus haut point depuis des années. Tenter de découvrir pourquoi nous n'arrivons pas à prospérer est devenu mon « essence-ciel », et ma principale préoccupation. Chercher ce qu'il ne va pas pour trouver pourquoi, est devenue ma quête !

Durant ce récit qui ne restera que mon point de vue que je partage avec vous, j'essaierai de développer sur plusieurs chapitres, les grandes lignes de notre société en allant droit à l'essentiel. J'essaierai aussi de vous démontrer qu'une société alternative et radicale serait à notre portée pour tous nous rapprocher du bonheur. Et que l'argent est bel et bien le cancer de ce monde, qu'il est tout à fait possible et très simple d'y remédier. Je ne prétends rien en vous disant cela, car vous verrez qu'un concept qui guérirait notre société est relativement facile à conceptualiser pour tous les gens dotés d'un cœur, d'un esprit et d'un peu de bon sens.

Pensez-vous vraiment que notre vie n'est que le pur hasard et que nous sommes là uniquement pour « survivre », en obéissant à des règles que nous ne pouvons contester ? Car, pour exemple, dans notre société, si tu refuses de travailler, tu n'es pas rémunéré et donc, tu ne peux te nourrir et avoir un toit, tu ne peux donc pas rester en vie. Tu ne peux pas t'installer où tu veux pour cultiver un bout de terrain s'il ne t'appartient pas… Et malheureusement, pour ceux qui refuseraient de travailler pour « x » raisons, les seules options seraient de baigner dans la criminalité ou de vivre en autarcie, et même cela devient de plus en plus difficile.

Comment pouvons-nous laisser la beauté de la nature que représente « l'Homme » être ce que l'on voit actuellement… un amas de vices et de cruauté gratuite. Alors certes, il existe de bonnes choses à travers le monde (ouf ! mais elles sont de plus en plus rares et de moins en moins naturelles. Il nous faut comprendre que si on veut éviter ce futur chaotique qui se dessine de plus en plus concrètement dans notre champ des possibles, il nous faut littéralement changer, et vite ! Comprendre que l'important n'est pas ton bonheur, mais celui de tous !

L'Homme a fait assez de dégâts comme ça ; à la Terre et à lui-même. Métaphoriquement, on sait tous qu'une maison construite sur de mauvaises fondations est une maison susceptible de s'effondrer à tout instant, à l'image de notre société en pleine agonie. On cherche sans arrêt à la rénover, mais avec des outils obsolètes. Tout est une question de temps avant qu'elle ne s'écroule. On passe le plus clair de notre temps à vouloir mettre des pansements sur nos blessures, pour éviter de les affronter, et ainsi sans se poser la question de savoir leurs origines pour apprendre à les éviter pour la sérénité de notre avenir.

Deuxième constat : Je partirai donc sur le principe que toutes les formes de violences, quelles qu'elles soient, ne sont absolument pas normales et vont à l'encontre de la nature humaine. Que seule une éducation globale et saine peut nous guérir de cette « anomalie cérébrale » !

Troisième constat : Je pense aussi que les problèmes tels que les maladies et les accidents de la vie sont facilement évitables et nécessitent un réel savoir-faire. Je pèse bien entendu mes mots…

Je vous parlerai beaucoup d'amour, et cela ne concerne pas que notre partenaire de vie ou notre famille, car c'est un état d'esprit avant tout ! De l'importance aussi d'acquérir une connaissance essentielle à tout homme, autre qu'une culture générale inutile à son évolution, mais qui fait bien dans une conversation mondaine. Je vous parle du plaisir que devrait représenter l'apprentissage, concept que beaucoup confondent avec les mots « travail » ou « corvée », mais qui, en réalité, devrait être une grande satisfaction personnelle, car découvrir des choses que l'on ignore… n'est-ce pas ce qu'il y a de plus fascinant au monde ?

Si je prends un exemple parmi tant d'autres, en l'occurrence, le mien – et je ne suis pas le seul dans cette situation – : j'ai un métier et donc, j'utilise une partie de mon temps libre pour écrire ces pages. Je ne suis pas rémunéré pour cela et je ne suis pas non plus obligé de le faire. Tout ça pour dire qu'on est tous animés par quelque chose d'autre que l'argent quand il s'agit d'une passion et donc d'un plaisir. Personnellement, ce qui m'anime et me révolte, c'est toute cette bêtise ambiante, ce mal-être insupportable et cette violence terrible qui m'entourent chaque jour de ma vie.

Il y en a marre de vivre de cette manière ! Marre de voir toute la beauté que pourrait représenter l'espèce humaine réduite à l'état de pauvres humains bons à consommer et à travailler inutilement dans la solitude la plus totale. Notre monde est dirigé par une poignée de gens qui se satisfait de ce monde contre des milliards d'autres qui n'en tirent aucun bonheur. Alors, on bouge quand ?

Chapitre 1 : L'ARGENT

Gustave Flaubert a dit « argent :
cause de tout le mal ».

S'il y a bien une chose que la plupart des gens pensent naturelle et qui ne l'est absolument pas, c'est bien l'argent. Nombreuses sont les personnes qui ne voient pas l'humanité vivre sans. Et pourtant, ce ne sont pas les preuves qui manquent… Quand on voit les ravages que cette machine inflige à l'humanité, créant un égo démesuré, enrichi et utilisé de la mauvaise manière. Il nous pousse à dominer l'autre en profitant de ce dernier, car il crée une valeur illusoire d'un homme face à un autre.

Si l'argent est un générateur de problèmes, il n'en est pas moins qu'il n'est en réalité que le fruit de notre imagination, puisque nous sommes à l'origine de ce concept, et si nous l'avons fait apparaître, nous pouvons donc le faire disparaître.

C'est l'ignorance qui a amené dans nos vies ce système monétaire, qui ne met que peu de temps à devenir pyramidal pour construire des barrières entre les hommes. Avec le temps, ce système s'étend comme une gangrène, car certains désirent et arrivent à s'enrichir, alors que d'autres pas ! S'ensuit inévitablement l'apparition d'énergies négatives, comme l'envie, la luxure, la domination, la jalousie, la corruption, la haine, la maladie, la tristesse, la mort, etc. Tant d'autres états négatifs que l'argent génèrent avec le temps. Sans oublier toute cette criminalité passée et existante, qui, il ne faut pas se leurrer, est aussi à l'origine de l'argent.

Cet outil regroupe à lui tout seul, toute la panoplie du mal incarné. Cela ne choque pas ou ne surprend absolument personne, à part une poignée de gens, que notre vie tout entière dépende de lui ?

Pas l'ombre d'un questionnement, tout le monde pense que l'argent est quelque chose de naturel… Alors que cet outil ne représente aucune caractéristique bénéfique sur le collectif, aucune vertu n'émane de lui, et pourtant, il est constamment recherché, idolâtré par pratiquement chaque être humain vivant sur cette terre.

Je suis conscient qu'il est très difficile de se rendre compte qu'on peut vivre sans, surtout quand on n'a jamais vraiment pris le temps d'y penser et qu'on ne puisse imaginer un monde de gratuité. Pourtant, si on ne cherchait pas la distraction à chaque instant de notre temps libre pour oublier les corvées quotidiennes et le travail imposé, on pourrait s'apercevoir au fond de nous qu'une autre façon de vivre est possible. Ne serait-ce que d'effleurer cette pensée serait déjà une victoire en soi, mais, il y a un hic. On nous a divisés au point de nous sentir tous seuls… Et ainsi, cet élan de solidarité ne peut se produire, cette pensée ne peut surgir en nous, bloquée par l'instinct de survie individuel… C'est moi d'abord… c'est ma famille avant les autres, et les autres peuvent « crever ». On est conditionné au point d'avoir des évidences dans la tête. La majorité des gens pensent qu'une « utopie » est impossible, par définition, que l'ennemi est invincible et que notre fraternité est invisible, voire inexistante.

L'argent se retrouve propulsé comme le générateur et le sauveur de tous nos soucis. Je vous donne une image : Visualisez un faux soleil avec ses rayons, chaque rayon représente un problème existant dans notre société, et bien ce soleil, source de tous ces rayons, de tous ces maux, serait tout simplement l'argent. Il nous illumine d'une fausse lumière, il tue notre civilisation et notre terre d'accueil à petit feu… Ne vous fermez pas l'esprit en pensant que tout ceci n'est que foutaises, mais pensez rien qu'une seconde à comment notre vie fonctionnerait en se passant de lui, laissant la place à la véritable lumière, à notre véritable soleil. Un monde où chacun pourrait avoir un chez-soi comme il l'entend et vivre pleinement une vie artistique, artisanale, scientifique ou autre… déployant ses véritables talents pour mettre toutes ces belles choses aux services de tous !

Beaucoup réagiront en me disant : « Mais il y en a qui ne vont rien faire, se la couler douce, profitant uniquement des autres ». Je tiens à mettre fin à cette légende sur la fainéantise… ce mot-là devrait être banni, car il n'existe pas !

Je vais vous dire un truc qui va sans doute vous surprendre, mais… personne n'aime « ne rien faire » ! Personne ne veut rien faire ! Tout le monde sera d'accord avec le fait qu'il nous est très difficile de supporter l'ennui, écoutez vos enfants et conscientiser le concept. Qui prend du plaisir dans une salle d'attente chez le médecin ? Ensuite, il nous faut bien prendre en compte le fait que nous ne sommes pas tous identiques au point d'avoir les mêmes motivations et objectifs dans la vie. Tous n'aspirent pas à devenir riches ou populaires. Certains vouent leur vie au service des gens quand d'autres désirent une petite vie tranquille en famille, loin de l'agitation.

C'est l'éducation globale qui est à revoir. Puis si, dans le pire des cas, en admettant que certains soient amenés à vouloir glander, ça serait simplement leur choix, et cela serait certainement pour un temps limité. Jusqu'au jour où ils en auront marre de regarder tous les autres s'épanouir à remplir leur journée en voulant faire évoluer leurs activités et là, ils en feront tout autant. Ils mettront les pieds dans un domaine auquel ils ne s'attendaient pas, puis l'intérêt pour l'activité ou l'envie d'en exercer une autre grimpera et finalement, ces mêmes personnes qui étaient classées comme les fainéants iront naturellement « travailler », car encore une fois, ce n'est absolument pas dans la nature de l'homme de rester à ne rien faire !

Si l'on parle d'une société sans argent, ce qui va revenir le plus souvent dans ce livre, c'est le fait de penser qu'il n'y aura plus aucune raison de « travailler », étant donné qu'il n'y aurait plus d'argent en récompense, c'est bien ça… ? Donc, grandiront en nous, les récompenses, les plus belles, les plus importantes, les plus vertueuses, comme celle de contribuer à l'ascension de notre grande et belle civilisation ! Celle de faire des découvertes époustouflantes dans tous les domaines d'activité, seuls ou en groupe ! De procurer du bonheur aux gens ! De devenir une personne plus intelligente, plus cultivée, plus rigoureuse, plus intéressante, plus forte et plus présente pour les autres… Et pour finir par être un peuple terrien sain et équilibré sur tous les plans ! Sans oublier la fierté, le plaisir et la reconnaissance que l'on aurait envers un accomplissement personnel.

Pensez-vous vraiment que ce ne sont pas de bonnes raisons d'aller « travailler » tous ensemble quelques heures par jour pour son bien-être personnel et celui des autres ? Évidemment que si !

Puis n'oublions pas que dans cette « utopie », les personnes qui nous entourent telles que la famille, les amis, le ou la partenaire de vie, seraient des gens également plus heureux, plus positifs de manière générale, beaucoup moins ou pas du tout anxieux quant à l'avenir des gens qu'ils aiment. Du coup, ils seraient incontestablement des moteurs, donnant toutes les cartes en main pour rendre aux autres la meilleure version d'eux-mêmes.

Je me rends bien compte que cela peut vous faire penser au « monde des Bisounours ». Mais… là, où c'est fort, là, où ça devient intéressant, c'est de penser que ce monde sans argent que je tente de vous décrire, classé dans la catégorie des utopies, est possible, et qu'il n'est rien de plus naturel pour une civilisation qui se dit « douée d'intelligence » de le réaliser ! Par contre, ce monde « pourri » dans lequel nous vivons actuellement est bel et bien une dystopie !

Pour revenir sur cet outil diabolique, que je n'ai plus besoin de vous nommer, le supprimer serait juste impossible à appliquer dans l'absolu, car notre mentalité actuelle est bien trop primitive et individualiste. Il faut dire que depuis le temps, l'argent nous a bien divisés, avec son système pyramidal qui nous force à vouloir toujours plus de pouvoir ou de richesses, en dépassant les autres, afin de nous procurer une illusion de liberté. Malheureusement, notre conditionnement est marqué au fer rouge.

L'ironie dans tout cela, et pourquoi notre société est très mauvaise, c'est de prendre conscience que si nous donnons aux gens leur salaire habituel, sans les forcer à travailler, je me demande combien iront quand même au boulot ? A priori, très peu… Seulement ceux qui portent un amour à ce qu'ils font ; c'est-à-dire les passionnés. Les autres profiteront à leur manière, comme ils le peuvent de leur temps libre… jusqu'à épuisement des stocks… Eh bien oui, quand les magasins seront vides… que restera-t-il à consommer ?

Vous rendez-vous compte aussi de cette notion que beaucoup de personnes utilisent, le « travail alimentaire » ! La prostitution, c'est louer son corps. OK ! Et le travail, c'est quoi ? La location de son corps, de son esprit et de son mental pendant une grande partie de la journée, toute l'année, à des fins stressantes, anxiogènes, de fatigue, de peur, de dépression, etc., qui peuvent conduire à la maladie, voire à la mort. Et tout ça contre une poignée d'argent ? Pour, en fin de compte… simplement survivre ? Et le plus drôle encore une fois… c'est que tu n'as pas le choix… sinon… tu meurs.

Mais, mais de quoi parlons-nous ! ?

Je pense qu'on est complètement anesthésié par toute cette violence physique et psychique qu'on nous fait vivre toute la journée, que ça soit à la télé ou dans notre quotidien, nous procurant ainsi une résonance qui crée des évidences, rendant la chose naturelle à nos yeux fatigués. Et encore… nous sommes en France, ne nous plaignons pas trop…

Prenons un exemple qui, je l'espère, va vous faire comprendre que de vivre en communauté sans avoir recours à l'argent est tout à fait envisageable. Car le problème est uniquement mental en fin de compte.

Dans le sport en équipe, car en individuel, cela n'aurait aucun sens. On peut apercevoir des joueurs soudés, que ça soit dans le football, le rugby, le handball, le volley-ball, etc. N'importe quel sport collectif. Une bonne équipe sera toujours une équipe qui coopère ensemble, où chacun a son rôle à jouer et compte sur l'autre pour progresser vers l'objectif commun à atteindre. C'est une partition où l'harmonie d'un groupe est primordiale, où l'ego dans le mauvais sens du terme est mis de côté, car si les onze joueurs d'une équipe de football, par exemple, venaient à vouloir gagner seuls, la réussite de l'objectif, qui est en l'occurrence de gagner ensemble, serait quasi nulle. Vous remarquerez que paradoxalement, c'est exactement ce qui se passe dans notre société, où chacun tente de briller seul, en écrasant ou non les autres… les coéquipiers sont ignorés… On s'en fout de savoir si son collègue va pouvoir manger jusqu'à la fin du mois… On demande toujours plus à des subalternes, et s'ils ne partent pas en vacances, nous, on part, et c'est l'essentiel !

Tout cela pour dire que dans le sport, ce qui est nécessaire pour réussir, c'est le don de soi au service des autres, en donnant avec envie le meilleur de soi-même, tout en créant une alchimie dans le groupe ! Que la solidarité est belle à voir dans ces moments-là ! À l'image d'une coupe du monde où l'on oublie les travers de la société, l'espace d'un instant… Ce n'est pas pour rien que Nelson Mandela a utilisé le sport pour rallier son pays. Alors, pourquoi ne pas faire de même dans la vie de tous les jours ? Où l'Humanité serait une immense équipe dans laquelle chacun prendrait plaisir à jouer pour l'ensemble du groupe ! Car je vous rappelle que vivre en société, c'est avant tout vivre en groupe, où chacun serait heureux de pouvoir contribuer à ajouter sa pierre à l'édifice à l'harmonie générale.

Comment pourrait-il en être autrement dans un monde normal ?

L'argent est véritablement le cancer de ce monde. Il érige entre nous des barrières qui façonnent nos interactions. Quand deux inconnus se croisent dans la rue, ils ne vont ni se parler ni se regarder. Les seuls moments de la journée où cela va se produire sont pendant les heures de bureau, ou d'autres situations, qui correspondent de toute manière à une interaction professionnelle quand il s'agit d'inconnus.

Et même si par hasard, on pouvait apercevoir deux inconnus en train de converser sans vice derrière la tête... Les premiers échanges démarreront souvent avec des jugements de valeur et parfois pire, des mensonges de part et d'autre. Sans oublier le politiquement correct et la peur, qui vient chasser le naturel afin d'éviter de dire quelque chose qui déplairait à son interlocuteur. Sans oublier non plus, nos choix politiques, religieux, philosophiques, sexuels, etc., qui mettent un frein à main à chaque discussion, nous empêchant de faire en sorte qu'elle soit franche et honnête !

Tout le monde sait que dans la vie, il est digne d'avoir des valeurs, d'être droit dans ses bottes comme on dit, mais il y a un souci sur l'idée d'être une bonne personne de nos jours... Cela ne rapporte rien !

Il est intéressant de constater deux choses : que le meilleur moyen pour que deux ennemis se parlent, c'est de parler d'argent, de faire du business, et à l'inverse, le meilleur moyen pour que deux amis se parlent, c'est de parler d'amour et de partage.

Les vertus comme la gentillesse, le respect, le partage, procurer de la joie de vivre aux autres, etc., toutes ces choses positives pour soi et pour la communauté humaine ne sont pas mises en valeur et vont à l'encontre de ce qu'il faut pour réussir dans le milieu social et professionnel, comme le mensonge qui l'emporte sur la vérité, la beauté physique qui l'emporte sur la culture et les diplômes qui l'emportent sur l'intelligence…

Ce qui est essentiel aux yeux de la société que l'on a tous accepté, ce n'est pas de devenir une bonne personne… Oh que non, malheureux, ce qui est essentiel, c'est de faire de l'argent et du profit ! Et pour ça, peu importe les moyens bien entendu, qu'on soit bien d'accord, « pas vu pas pris » ! Forçant naturellement beaucoup trop de gens à faire tout et n'importe pour en obtenir.

D'ailleurs, je n'ai même pas encore parlé de tous ces crimes dont il est à l'origine, car l'envie et la pauvreté ne devraient pas justifier des actes de violence. Heureusement, force est de constater que nombreux sont les pauvres d'un pacifisme exemplaire. Assassiner un individu est déjà assez terrible alors, l'assassiner pour de l'argent… c'est juste insupportable. Parce que là non plus, personne ne s'en rend compte, mais la quasi-totalité des crimes commis à travers le monde reposent principalement sur la volonté d'avoir plus d'argent ! (Le reste est dû à un manque de connaissances, mais j'en parlerai dans un autre chapitre). Tous les types de vols, de braquages, de rackets, de trafics, quels qu'ils soient, de corruptions, d'abus de pouvoir, toutes les guerres non religieuses et j'en passe sûrement, sont uniquement dus à l'avidité et l'argent !

Personne ne s'offusque de voir ce genre de mentalité et d'action exister au sein de notre si belle communauté humaine, pensant que l'Homme est violent de nature et qu'il l'a toujours été… Bien sûr que non ! Si c'était le cas, on le serait tous… Tout est une question d'éducation, il n'y a pas de débat à avoir quant au sujet de la nature de l'Homme. C'est un être vertueux et lumineux, qu'on le veuille ou non ! Accompagné de beaucoup de naïveté… Certes !

Déjà, comment une personne qui n'a reçu ni même connu l'amour, peut-elle en donner à son tour ? C'est très difficile, et si l'on mélange à cela, la pensée que l'amour serait une faiblesse, on a tout gagné ! Certaines personnes arrivent à oser penser qu'une bonne personne n'est en réalité qu'une personne faible… ! On nous pousse à le croire… Et c'est parfois difficile d'y couper !

Pensez-vous vraiment que l'on puisse un jour tous être solidaires en continuant ainsi ? Ne voyez-vous pas que tout s'accélère et que tout empire ? Comment cela va-t-il finir ? Nous possédons les clefs pour tout arrêter, mais on pense que c'est impossible, que c'est forcément la faute d'un tel ou d'une telle, race ou communauté, que sans eux le monde se porterait mieux. Mais vous parlez de gens qui sont comme vous en fin de compte, des êtres humains cherchant à prospérer comme ils le peuvent dans le système et l'éducation qu'on leur a imposés également. As-tu choisi le lieu de ta naissance ? La naissance est une loterie, et toi, tu vas juger un homme sur son origine ? Arrête-toi un instant, ne vois-tu pas l'absurdité dans cette pensée ! Cela me paraît tellement évident qu'à partir du moment où la couleur de peau et la nationalité sont aléatoires pour la personne qui naît… Pourquoi se permettre de la haïr parce qu'elle est différente « physiquement » de nous ? Le degré d'ignorance et d'absurdité est élevé… N'est-ce pas !

Dois-je rappeler que tous les êtres vivants sur cette terre désirent absolument la même chose ! Prospérer… Et que nous faisons partie d'une seule et même race : la race humaine ! Trouvez des divisions en sous-catégorie n'est là que pour alimenter le négatif et le système défaillant, et le maintien de la source négative, l'argent.

L'argent ou le troc, que je place bien évidemment dans le même panier, car ils représentent grosso modo la même chose, car forcément, si tu n'as rien à troquer, tu utiliseras de l'argent pour le faire, et si tu n'as ni l'un ni l'autre, tu pourras utiliser ton corps, ou bien ton pouvoir de persuasion, ou bien encore la violence, etc. Vous connaissez la suite. Ça n'a aucun sens. Non, j'insiste sur la nécessité d'être une civilisation éduquée, cultivée et soudée de manière à pouvoir faire fonctionner le partage avec une réelle efficacité ! Car ce dernier est naturel et spontané. Sans oublier le facteur « plaisir de partager » avec autrui.

Dois-je rappeler ou souligner le fait que nos plus beaux jours de l'année ou souvenirs d'enfants sont ceux où l'on s'offre des cadeaux, n'est-ce pas ? Noël, anniversaires, fêtes ou autres… Vous savez ? Ces fameux moments de joie où l'on peut apercevoir des sourires des deux côtés ? On sait très bien qu'offrir un cadeau est très plaisant, le recevoir l'est tout autant. Vous allez me dire que ça n'a rien à voir avec vivre en société sans argent ? Bien au contraire ! Si tu achètes un gâteau, vas-tu le garder pour toi, en donner par intérêt ? Non, tu vas bien entendu offrir des parts, au même titre qu'un cadeau, n'attendant rien en retour !

Si symboliquement, je prends ce gâteau à l'échelle d'une ville, où tout le monde se connaît, ce même gâteau, comme le fruit de notre activité professionnelle dans la vie de tous les jours, nous en donnerions tous une part à nos voisins. Et logiquement, tout le monde en aurait une part ! Où serait le problème ?

Que tu sois un agriculteur, un boulanger, un plombier, un médecin, un architecte ou je ne sais quoi d'autre, que tu aimes ta discipline et que tu aides la société à évoluer, ou bien que tu aides les autres à bâtir leur maison par exemple et que nous en fassions autant pour toi, où serait le problème ?

Combien font du bénévolat ? Combien offrent leurs services le dimanche ? Et combien prennent du plaisir à aider et à donner le sourire aux gens ? Si l'on voyait ce procédé se mettre en place dans chacune des villes de ce monde, cela ne serait-il pas magnifique ?

Si chacune des personnes vivant sur cette terre avait tout ce qui lui est nécessaire pour vivre et s'épanouir, y aurait-il des vols, des crimes, de la jalousie, de la haine ? Aucune de toutes ces saletés ne verrait le jour, car, encore une fois, il n'y aurait aucune raison à cela, et j'insiste là-dessus !

La Terre n'appartient à personne – ou à tous – animaux compris – et chacun a le devoir d'en profiter librement et surtout de la respecter ! Elle n'est pas seulement un support, mais notre binôme, notre ancrage à tous !

Le réchauffement climatique, quelles hypocrisies, ignorances ou diversions ? On est beaucoup à aimer notre planète, mais le monde pensera à elle quand le monde ne pensera plus à son « oseille ».

On a vraiment tous à y gagner en fonctionnant de la sorte. Des gens riches et malheureux, il y en a ; des gens pauvre et heureux, il y en a aussi. Nombreuses sont les preuves que l'argent ne fait pas le bonheur. Il garantit sans doute un certain confort de vie et exerce un pouvoir d'illusion sur les uns ou les autres, mais ça s'arrête là !

Dites-moi, concrètement, à quoi sert l'argent. À faire régner un équilibre sur terre ? À donner un semblant de liberté à certains au détriment des autres ? Franchement, à quoi sert l'argent ? ! C'est une vraie question nécessitant un vrai recul. Je reformule ma question, peut-être que ça aidera certains à mieux y répondre.

À quoi sert cette « merde » ? ! La question n'est plus de savoir si on aime notre travail ou non, ce n'est pas non plus de savoir s'il fait avancer les choses ou le monde, non… bien sûr que non ! La question est de savoir si l'addition « liberté + profit » est correcte ou pas ! C'est de faire de l'argent, peu importe, le domaine ou la manière, pour pouvoir finir par se la couler douce sans ne plus faire d'effort !

Mais enfin… Mesdames, Messieurs, le but final ne serait-il pas d'obtenir pour tous un confort de vie ? Que l'on soit tous heureux ? Alors, qu'attendons-nous pour agir de la sorte ? ! Pas en tant que petit citoyen lambda qui attend les prochaines élections pour voir un changement qui n'aura jamais lieu, non… Mais en tant qu'espèce humaine, qui a soif de liberté, d'égalité et de fraternité… Poser l'argent, c'est poser les armes…

Chapitre 2 : LE TRAVAIL

Confucius a dit : « Choisissez un travail que vous aimez et vous n'aurez pas à travailler un seul jour de votre vie ».

Voilà un beau concept, créé de toutes pièces par le génie humain. Ce concept de « travail », qui aspire le plus souvent à une idée de corvée, d'obligation, de devoir, etc. Comme dans cette phrase que tout le monde a déjà entendue d'un air fatigué : « je dois aller travailler ».

Ce concept qui te rappelle que tu ne le fais pas par plaisir, mais pour « le chèque ». Tout est bon pour gagner de l'argent. C'est vrai, pourquoi faire les choses soi-même alors qu'on peut payer quelqu'un pour le faire ? Pourquoi faire des choses par amour alors qu'on peut les faire suivant le revenu qu'on en retire. Pourquoi avoir une vocation, alors qu'on peut viser des métiers, où la rémunération sera très importante. J'entends un jeune me dire, moi je veux être vétérinaire, car ça gagne bien ! Ces notions nous font totalement passer à côté du principal but à atteindre lorsqu'on exerce une activité : celle de l'excellence à travers la passion, le plaisir, la découverte et aussi de tout ce qui fait de nous des êtres humains, sociaux, capables de déplacer des montagnes tous ensemble...

Heureusement que certains, grâce à leur éducation, à leur environnement, et sûrement à la complicité de leur famille, ont réussi et réussissent encore de nos jours, à toucher l'excellence dans leur domaine, à toucher l'extase... Et même si ces derniers ont la chance d'être passionnés par ce qu'ils font, ils répondront aux autres qu'ils n'ont pas l'impression de travailler puisqu'ils y prennent du plaisir. Il est intéressant de voir que tout le monde sait que dans la vie, il est préférable de trouver un travail que l'on aimera faire, mais la majorité vise un métier qui paye plus avec les encouragements de certains parents qui ne sont pas à la recherche de l'épanouissement spirituel de leurs enfants, mais matériel. Et puis aussi, ça fait toujours bien d'un point de vue social de dire dans une conversation que son enfant est médecin, avocat ou autre, quelle fierté... plutôt qu'artiste inconnu et sans reconnaissance !

Il reste quand même une minorité de gens qui choisissent d'avoir un plus petit salaire pour exercer un métier qu'ils affectionnent et parvenir à être vraiment heureux. Pour d'autres, c'est faire ce fameux métier alimentaire, désagréable, pour économiser et investir plus tard dans quelque chose de plus plaisant, comme essayer de créer son entreprise, d'ouvrir son propre magasin ou d'acheter cette belle maison à la campagne pour y vivre en paix, loin du négatif. Une pensée pour les plus malchanceux ou les moins ambitieux qui seront obligés de faire toute leur vie un travail alimentaire pour survivre ou subvenir à leurs besoins ou à ceux de leur famille.

On cherche tous la tranquillité, l'épanouissement ! Dans un certain sens, c'est terrible et cela en dit long sur notre société et vie actuelle… Vous vous rendez compte de cette folie ? ! Il faut s'acheter un droit de vivre, mais pas que… un droit de vivre en paix aussi… non, mais on se moque de qui ? !

Atteindre la prospérité est un véritable parcours du combattant ! Non, mais quelle ironie ! On a reçu cette chance divine de pouvoir vivre sur cette belle planète ! Tous ensemble ! Au même moment, sur une fourchette de plusieurs centaines de milliers d'années ! Mais manque de bol, on est obligé de ramer en s'ignorant tous pendant un demi-siècle, voire toute notre vie, pour enfin en profiter ? ! C'est de la folie ! N'y a-t-il pas un problème évident dans tout ça ?

Si au moins la répartition des revenus était bien faite, il serait plus dur de nous en dissocier, n'est-ce pas ? Mais non ! Là encore, c'est du grand n'importe quoi ! Comment peut-on expliquer logiquement qu'un agriculteur – celui qui nous nourrit quand même – ou qu'un ouvrier et bien d'autres encore, gagnent une misère, alors que des sportifs touchent des dizaines de milliers d'euros chaque semaine en moyenne ? Car pour certains, c'est moins, d'accord, mais pour d'autres, c'est beaucoup plus ; un joueur de foot comme Neymar gagne 3,1 millions d'euros par mois… Eh oui ! Tout à fait normal, tout à fait acceptable et je dirais même, tout à fait naturel, n'est-ce pas ! Toi, t'es là, petit smicard, à faire tes 35 heures dans un taff alimentaire qui te gonfle et lui… il « joue » au foot, ok, beaucoup d'entraînement, de sacrifice, de carrière courte, mais regarde pour combien… Normal… mais c'est une blague ? C'est sûrement logique, tout le monde l'accepte, car on est tous au courant, je n'apprends rien n'a personne là. Puis le matin, je suis comme vous, je vois les mecs « jouer » à vider les poubelles des autres…

Les revenus ne sont pas distribués en rapport à leur charge de travail ni à leur importance, mais plutôt avec leur côte de popularité pour certains, et là encore, personne ne s'offusque ? Ah si, bien entendu, on peut apercevoir de temps à autre, des gens manifester, exigeant une petite augmentation ou la baisse d'un prix… vraiment ? Vous vous rappelez quand les éboueurs ont fait grève… AH, là on a vu l'importance de ce métier… Pourtant, ce sont des smicards ou presque ! Vous ne voyez donc pas plus loin que votre petite cause ? Et ces mêmes éboueurs, ils regardent les matchs et contribuent aux déséquilibres, en achetant le maillot de Neymar à cent-trente euros… hilarant non ? !

Puis ce n'est certainement pas en quémandant cent euros de plus par mois ou en demandant une diminution des taxes ou charges que les choses vont aller en s'améliorant. Je pense que la majorité est inconsciente de la quantité de problèmes anormaux que l'on a au sein d'une société composée d'humains... C'est une majorité complètement aveuglée par l'argent, démotivée par le travail, abrutie par les divertissements et pétrifiée par les informations ! Il y a des problèmes beaucoup plus graves au sein de notre société que celle de l'augmentation du pétrole...

Le travail est une notion qui ne devrait pas – ou plus – exister ! Mais je me pose une question en tant qu'individu qui a la chance et l'immense privilège de vivre sur cette belle planète...

À quel moment ça a merdé ? À quel moment l'humanité s'est-elle dite : « Tiens très bonne idée ! »

Évidemment qu'on va travailler, et être dépendant de ce dernier pour vivre, être sous son emprise toute la journée, tous les jours, pointer à heures fixes où le retard sera réprimandé... pour ensuite, une fois tes obligations professionnelles achevées, aller chercher tes enfants, faire les courses, rentrer chez toi, faire à manger, les devoirs, regarder la télé et surtout ne pas se coucher trop tard pour pouvoir être en forme le lendemain, et recommencer, ce bon vieux jour sans fin...

Maintenant je vous pose la question, même si ce n'est pas un dialogue. C'est une vie ça ? Où se trouve le plaisir, la liberté, l'apprentissage, la créativité, le partage, la découverte, l'aventure d'un être humain à travers son existence ? Où sont toutes ces belles choses ; ces émotions intenses et ce « vrai savoir » qui nous apporterait de la légèreté dans notre quotidien et nous conduiraient à l'épanouissement le plus total ?

En d'autres termes, un quotidien qui nous rendrait tous enfin heureux. On ne parlera pas du stress, de la peur, de l'angoisse, de la culpabilité, de la colère et j'en passe... Toutes ces énergies basses et néfastes pour nous, d'un point de vue de la santé physique et mentale, qui sont toutes, indirectement, dues, de près ou de loin, au travail et directement dues à l'argent. Des mauvaises vibrations générées par un manque de moyens personnels qui empoisonnent l'existence de chacun...

Prenez deux minutes à imaginer que vous partez au travail comme d'habitude sauf que là, vous vous trouvez dans un monde sans argent (donc pas d'achat, pas de salaire, vous m'avez compris). Que se passe-t-il dans votre esprit une fois en route pour le boulot... ? Sentez-vous ce rapprochement tout à fait naturel entre vous et les autres ? Ces barrières sociales qui commencent à disparaître ; ces prétendues différences qui s'estompent, ouvrant la voie aux autres, à un esprit de fraternité plus grand et une sensation de liberté plus grande aussi ? Tandis que… la peur, le stress, etc. (des autres et de la vie) disparaîtraient au même moment…

Mais la réalité est tout autre… et elle n'est pas cool ! Elle fait en sorte que l'on se juge par rangs sociaux. Que l'on évite que nos regards se croisent, préférant baisser les yeux, plongés dans nos soucis afin de prévenir un éventuel conflit ; une potentielle menace physique ou psychique qui nuirait à nous ou à nos biens… Bref, ce n'est pas une vie ça, nos relations ne sont pas saines ! ce n'est pas normal !

Pour en revenir à la notion de travail, qui devrait être radicalement remplacée par « le plaisir d'exercer une activité avec envie et passion », où le seul moteur serait l'amour du domaine et non l'argent, car le plaisir d'exercer mène à la beauté et à l'excellence, l'argent néglige cette notion et la contourne ! Elle mène à la paresse et au travail bâclé.

Je vais peut-être vous surprendre en disant cela, mais au fond, nous sommes toutes des personnes autodidactes et perfectionnistes, car pour le devenir, il nous faut juste aimer ce qu'on fait, y porter de l'attention. Puis vient l'apprentissage du domaine, où seule l'envie conduira à la réussite. Si l'amour d'un devoir, d'une activité, d'un travail, d'un projet, ou bien d'une mission… est présent, ainsi que l'envie d'atteindre des objectifs, alors l'intérêt grandit, le temps et l'intensité qu'on y consacre n'ont plus aucune importance. Tout ce qui compte – peu importe ce qu'on fait – c'est d'essayer d'arriver au meilleur résultat possible. Si mon travail est de coller des timbres toute la journée, c'est sûr que je vais vouloir en finir le plus rapidement possible, et peu importe la manière ; dans le cerveau, cela restera ni plus ni moins qu'une corvée.

Résumons donc : si chacun avait la possibilité de faire ce qu'il lui plaît, il y passerait le temps qu'il faut pour connaître son sujet et pour le maîtriser. Du coup, nous sommes tous, au fond de nous, des autodidactes et des perfectionnistes à différents degrés, suivant l'amour qu'on porte à ce qu'on fait, sauf que dans l'état actuel des choses, on n'a pas tous l'environnement, l'opportunité, ou la culture adéquate pour pouvoir forcément tomber sur son domaine de prédilection, celui qui nous ferait vibrer et nous permettrait naturellement de nous épanouir.

De nos jours, ne serait-ce le fait que d'aimer notre activité professionnelle serait déjà un gros poids en moins sur nos épaules pour affronter la société ? Mais encore une fois, ce système est bien trop enraciné dans notre ADN pour être enlevé avec une poignée de gens conscients de la situation. Il faudrait que tout le monde le soit ! Aussi curieux que cela puisse paraître, on a tous à y gagner, même les gens riches, dont le confort n'a pas d'égal. Je le répète, tous les riches ne sont pas heureux…

Quasiment tout le monde sera d'accord avec moi pour dire qu'on est soulagé lorsqu'on finit sa journée de travail et qu'on rentre chez soi. Que même les riches qui souvent travaillent beaucoup à maintenir leur niveau de vie, préféreraient peut-être rentrer tranquille pour profiter de leurs proches ou bien de créer de vrais rapports d'amour que souvent l'argent corrompt. Qu'on a tous hâte que le temps passe et que les jours de congés ou que les vacances arrivent. Ce n'est absolument pas normal de souffrir autant au travail, et on y passe tellement de temps ! Pourrions-nous juste penser à cette éventualité que chacun puisse faire ce qu'il veut dans le respect des autres et l'envie d'avancer ensemble ? On en est tellement loin…

Les gens travaillent par obligation, à la fois pour pouvoir survivre, mais aussi pour exister et même subsister au sein de la société.

Pour quelles raisons certains cherchent-ils à acquérir leur propre commerce ou magasin ? Pourquoi certains cherchent-ils à gravir tous les échelons dans un domaine hiérarchisé ? Sans parler de tous ceux qui cherchent à aller vivre ailleurs en espérant une vie plus paisible… Quand certains cherchent la paix en ignorant la société, d'autres la recherchent à travers la richesse, la popularité en se servant de la société pour faire fortune. À quoi ça rime ? Cela n'a aucun sens ! Où est le plaisir de vivre quand on sait que dans tous les cas, nos actions sont individualistes et reposent uniquement sur le fait qu'elles s'adaptent à une société malade ! Une société qui fait peur ! Une société qui fait mal… Être riche, c'est faire travailler les autres pour soi. Belle philosophie…

Je voudrais mettre le doigt sur quelque chose d'autre qui n'engage que moi, comme pour le reste d'ailleurs… C'est sur la quantité astronomique de métiers qui ne servent strictement à rien ! Où l'enrichissement intellectuel est nul, où la nécessité est inexistante. Ces métiers qui sont tout simplement là pour meubler notre société malade, pour combler les dysfonctionnements, on a créé des métiers ; que ça soit les militaires, la police, la justice (car sans argent, plus de criminalité, plus de raison idiote de se faire la guerre, le mal ne doit pas être puni, mais évité), l'industrie de la mode, du commerce et de la publicité, de la malbouffe, de la santé, sans oublier les sportifs « professionnels », 95 % des fonctionnaires, la plupart des sociétés, tous les manutentionnaires et plein d'autres encore. On pourrait très bien se passer de tout cela et mettre toute cette main-d'œuvre et ce temps au service de la science, de la technologie et de la recherche, dans tous les domaines d'activités qui pourraient améliorer nos connaissances, notre confort et notre hygiène de vie. Comment peut-on croire et affirmer aujourd'hui que souvent, les métiers les moins importants sont les mieux payés, quel paradoxe...

Parlons des médias... Comment accepter de montrer à la télé des divertissements basés sur la bêtise et la violence, plutôt que de diffuser les résultats de toutes ces belles découvertes à tous. Cela nous permettrait d'être à jour au niveau des dernières découvertes et de savoir comment rester en bonne santé d'un point de vue moral et physique. Chaque être humain a le droit de savoir comment maintenir un sourire jusqu'aux oreilles !

Pour moi, ce système de vie serait parfaitement naturel, durable et adapté à ce qu'on représente vraiment, et pas besoin d'y travailler corps et âme, sept heures par jour, cinq jours sur sept (au minimum). Pourquoi instaurer des horaires fixes dans un monde sans argent ? Cela ne s'y prête pas. Je suppose que chacun ferait en fonction de ses disponibilités, de la nécessité et des envies du moment. Il est évident de constater qu'on fait mieux les choses et avec plus de plaisir quand ça vient de nous que lorsqu'on est obligé de les faire, dicté par d'autres. Puis, si tu veux « travailler » plus ou moins longtemps, tu fais comme tu veux. Tu ne nuis à personne, où est le problème ?

Pourquoi tous doivent prendre la voiture le matin au même moment pour passer 2 heures dans les bouchons ! ?

Utilisez le reste du temps pour faire une activité sportive, artistique, seul ou en groupe, profiter de ses enfants, profiter de l'instant présent, un livre en main ou je ne sais quoi d'autre, peu importe ; la même chose qu'aujourd'hui, mais dans un état d'esprit et un corps plus sain. L'important est que chacun soit libre de faire ce qu'il veut et surtout qu'il y prenne du plaisir...

Y aurait-il une autre façon de vivre pleinement notre passage sur terre si ce n'est avec un bonheur quotidien ? Bien sûr, on est très loin de ce résultat, voire à l'opposé. Ce n'est qu'une question de mentalité. Ce sont nos relations sociales qui créent la société, car elle n'est en réalité que le reflet de notre état d'esprit collectif. Si vous pensez quelques minutes, avec le recul nécessaire et sans préjugés, pourriez-vous me dire sérieusement où est l'utopie dans ce système-là ? Si je vous demande de penser au paradis. Y aurait-il dans cet espace, du travail permettant de gagner de l'argent ? Je ne pense pas... En enfer, peut-être, permettez-moi de rire !

Alors, pourquoi ne pas essayer de faire de ce monde un paradis ! Après tout, qu'est-ce qu'on aurait à perdre ? ! Comment faire pire que ce que l'on vit actuellement ? On se trouve aujourd'hui dans une société où il existe des êtres humains qui en assassinent d'autres, ou qui se suicident...

Il faut prendre conscience de cet état de fait et nous organiser, si chacun y met du sien, il n'y a pas de raison que cela ne marche pas. Même avec cette citation qui dit : « tout travail mérite salaire », on peut quand même apercevoir, de temps à autre, le bénévolat, l'entraide, les services que les uns rendent aux autres ; alors imaginez, si on était conditionné à faire ces choses par plaisir et non pour la rémunération... la beauté et la grandeur de l'Homme seraient mises en avant.

Si je prends mon cas pour exemple, l'écriture resterait un hobby et j'utiliserais une partie de mon après-midi ou de ma soirée pour l'exercer, mais chaque matin, par exemple, je prendrais aussi plaisir à m'occuper d'un potager pour ma famille et la communauté. Je n'aurais aucun problème avec ça et je pense qu'il en va de même pour beaucoup d'autres familles. Je pourrais aussi m'intéresser à la science, participer à la construction de bâtiments... C'est une question de savoir-vivre et d'envie, je ne suis obligé de rien, mais produire ensemble, à notre rythme, dans la bonne ambiance et pour le bien du groupe, oui, ça peut être un véritable plaisir, effectivement.

Aujourd'hui, un bouleversement des consciences est absolument indispensable pour mettre en place cette simplicité quotidienne. Et quel bonheur ce serait encore une fois... Je me répète, mais imaginez un instant vivre ce genre de journée, où tout le monde s'entraide en vue d'atteindre un objectif commun, ressentir la satisfaction d'une journée bien remplie, en sachant pertinemment que demain sera encore meilleur. Je peux vous dire qu'on doit bien dormir et prendre du plaisir à se réveiller le lendemain… Ce serait proche de l'extase !

La seule chose à faire pour que ce système prenne vie serait de former un tout ! Une société où le peuple vivrait en harmonie, où tout se ferait dans l'amour, ce qui inclut naturellement le respect et le partage. Chacun exercerait le domaine qu'il lui semble le plus épanouissant, car on peut être certain qu'il l'exercerait avec passion, et donc qu'il le ferait au mieux. Pour, en fin de compte, arriver à retransmettre aux générations futures le savoir déjà acquis.

Je pense que l'Homme était voué à vivre ainsi, mais que l'ignorance a rendu la valeur matérielle importante et a pris de l'ampleur, au point de prendre le dessus sur son homologue, l'amour.

Chapitre 3 : L'AMOUR

Jiddu Krishnamurti a dit : « La vie quotidienne, si elle est sans compréhension, vous poussera à passer à côté de l'amour, de la beauté, de la mort ».

Sans doute le sujet le plus important, peut-être même le plus mystérieux, probablement le plus ignoré, mais il est surtout le plus incompris de tous...

Qu'est-ce que l'amour ? Si vous marquiez un temps pour tenter d'y répondre. Difficile, n'est-ce pas ?

C'est une notion qui nous est complètement inconnue en fin de compte. Une notion pourtant indispensable pour notre survie, pour notre sociabilité, pour notre bien-être, et surtout pour notre équilibre. Une notion que l'on recherche toute notre vie, qu'on pourrait pourtant retrouver chaque jour. C'est un sentiment instinctif qui nécessite une certaine philosophie, une compréhension et une ouverture aux autres pour le savourer pleinement. C'est le seul sentiment qui nous permet d'oublier ce concept de temps et d'espace pour vivre le présent dans son intégralité.

L'amour est un pouvoir dont sa connaissance permet de ne pas en perdre le contrôle. C'est un pouvoir qui donne la vie, mais qui peut aussi la reprendre. Et alors, si l'éducation est aux abonnés absents, la haine et la peur peuvent mener à la violence… Ces deux extrêmes ont besoin d'attentions pour subsister. Sans amour, point de haine ni de peur. Avec une connaissance appropriée, point de haine ni de peur non plus…

Regardez à quel point notre société est fascinante. On reconnaît l'importance de l'amour pour une vie en communauté saine, mais on n'y accorde aucun intérêt. À quel moment va-t-on nous instruire en mettant l'accent sur les dangers que ces émotions peuvent procurer et de leurs importances pour mener une vie épanouie ? Pourquoi l'éducation nationale ne se soucie-t-elle que de la réussite sociale et matérielle ? Et pourquoi nous prépare-t-elle à une vie laborieuse ?

Si l'école ne peut pas nous apporter tout ce savoir qui concerne les émotions, peut-être que les médias, accompagnés de leurs experts et journalistes, pourraient s'en charger. Penses-tu ? Là encore, on n'en retrouve aucune trace. Le seul moment où on nous parle d'amour c'est pour souhaiter une bonne fête à tous « les amoureux » le 14 février ; un bon moyen de rendre le sujet superficiel et de faire fonctionner le commerce et la rentabilité !

Si l'éducation nationale ou les médias ne mettent pas l'accent sur son importance, peut-être que nos politiciens bienveillants le feraient. Penses-tu ? Les médecins peut-être ? Ou les psychologues ? Sûrement les philosophes ? Oui, mais que les vrais... Sinon, absolument personne ne parle d'amour, malgré le fait qu'il soit l'une des clefs pour nous permettre de prospérer individuellement et donc, collectivement. Bien qu'il soit l'une des clefs pour pallier à la grande partie de la violence sur terre.

Si personne n'en parle, c'est qu'il doit bien y avoir une raison... Serait-ce parce que l'amour ne paye pas ? Serait-ce parce que l'amour rentre totalement en contradiction avec la notion de profit ? Car, tu ne peux donner un amour sincère à quelqu'un tout en lui soutirant de l'argent. À l'image du jeu le plus capitaliste au monde : le poker ; à ce jeu, il te sera impossible de jouer, tout en étant dans l'amour de l'autre. Il est tout de suite plus facile de prendre de l'argent à quelqu'un qui t'indiffère qu'à quelqu'un que tu aimes.

À mon avis, dans une vente, un business ou un commerce, on ne peut pas travailler et marchander, tout en étant totalement dans l'amour de l'autre. Tu ne peux pas être dans l'amour quand tu fais travailler des gens pour ton profit personnel. Tu ne peux pas être dans l'amour quand ton principal objectif est de vendre tous tes produits. Tu ne peux pas être dans l'amour quand tu voles ou braques une personne ou un lieu. Tu ne peux toujours pas être dans l'amour quand ton objectif de politicien est de monter dans la hiérarchie en faisant attention à ton apparence et à ce que tu dis juste pour accéder à un confort de vie supérieur à 95 % de la population. Tu ne peux pas être dans l'amour quand ton travail de journaliste consiste à faire ce qu'on te dit si tu ne veux pas perdre ton boulot, et qu'il en va de même pour quasiment tous les autres métiers jusqu'au professeur...

Donc, je conçois le fait que tout le monde se moque de l'amour, de ce sujet gniangnian, fleur bleue, à l'eau de rose, mais... Il ne faut pas s'étonner après de vivre dans un monde cruel. Il ne faut pas s'étonner de tomber malade, d'être triste, dépressif, violent, vulnérable, suicidaire, etc. Il ne faut pas s'étonner de ressentir ce sentiment d'insécurité permanent.

L'amour est un amplificateur d'énergie qui nécessite sa compréhension. C'est un outil qui doit servir le bien et non le mal. L'amour est un pouvoir qui, par définition, n'est pas quelque chose de palpable. Si son rapport à l'argent est nul, son importance au sein de la société l'est tout autant, car la préoccupation de chacun réside dans son enrichissement matériel.

L'amour est mis de côté, détourné de son importance primaire au sein d'une société, alors que la seule raison d'être d'un Homme, c'est de vivre des émotions fortes à travers l'amour. Sans lui, la vie ne vaudrait la peine d'être vécue. Il est le socle de toute chose. Même chez les animaux, on le retrouve, ils tuent pour survivre, mais au-delà de ça, il n'y a que du respect. Et nous, les humains, on le met de côté… Notre quotidien se résume à esquiver l'inconfort, et à éviter le plus possible la souffrance physique et mentale. Notre quotidien se façonne de manière à éviter de tomber sous l'emprise de la colère, de la tristesse, de l'anxiété, du stress, de la violence, etc.

Et nous, on le met de côté…

Pourquoi ce sentiment primordial, que dis-je, cette puissance émotionnelle, que dis-je encore, ce pouvoir magnifique et divin qui se trouve être une source créatrice de bonheur, n'est-elle pas notre principale priorité ? Pourquoi ne se concentre-t-on pas davantage sur ces états mystérieux et fascinants qui proviennent de l'amour ; sur ces vibrations qui nous procurent un bien-être profond et avéré ?

Pourquoi l'amour n'est-il pas notre capitaine qui influe sur nos choix de vie ? Sur lequel on s'appuie pour atteindre un objectif, pour aider quelqu'un, ou quand rien ne va ?

Pourquoi est-ce son principal ennemi de toujours l'argent, qui lui reçoit tous les honneurs, et qui reçoit une attention certaine en devenant la principale préoccupation de tous ? Ce paradoxe n'est-il pas fascinant ? On cherche tous à vivre notre existence dans l'amour, la paix et la sérénité, mais on voudrait la vivre en cohabitation avec l'argent, la source de tous nos maux. C'est prodigieux ! Quelle ambition ! On veut tous être heureux et riches ! Une chose est certaine, c'est que d'être riche ne rend pas heureux, mais être heureux, c'est être riche.

L'image de l'amour dans notre société est l'image d'un Mickaël Schumacher en pilote de karting pour enfant, ou d'un Mickaël Jordan qui ne ferait que des lancers francs. Une image qui ne mérite pas sa place, qu'on minimise. Une force qu'on n'exploite pas. L'amour mérite d'être au premier plan de toutes choses, il devrait dicter notre vie, nos actions, nos choix. Ce n'est pas une vulgaire émotion qui rendrait les gens faibles, comme beaucoup de jeunes et entrepreneurs ou chefs d'entreprise le pensent... Ce n'est pas un sujet apprêté aux moqueries comme le laissent sous-entendre les réactions des gens quand le pénible mot amour est placé dans une conversation... Ce n'est pas un sentiment classique qui n'est présent qu'avec ses proches... Il est inconsciemment notre motivation première, il est assurément notre raison de vivre.

L'amour de l'argent, c'est faire en sorte que le mal l'emporte un peu plus chaque jour sur le bien. Tout objectif de vie est en lien direct avec l'amour, ou à l'amour de l'argent. Et comme les puissants de ce monde tiennent à le rester, il est normal de faire en sorte que les gens se tiennent loin de la connaissance en idolâtrant l'argent. Il va sans dire que ce qui domine le monde, c'est lui, et personne ne dira le contraire. Et après on s'étonne de vivre dans l'insécurité.

Serions-nous en réalité, des animaux « pas doués d'intelligence », car on défend sa famille instinctivement, peut-être certains de ses amis, mais le reste peut bien mourir, n'est-ce pas ? Il n'y a que les soucis personnels qui nous font mal dormir, non ?

Quand l'amour additionne, l'argent divise. Et là où il crée l'unité entre nous, l'argent, la fractionne. Quand un jeune grandit avec ses propres vertus, s'intéressant aux richesses intellectuelles, et déployant tout son potentiel, l'argent, pendant ce temps-là, l'en détourne vers une gratification des richesses matérielles, en déployant son ego.

Donc, l'amour est, une nouvelle fois, indispensable dans la croissance d'un homme. Non seulement le fait de connaître sa nature, son potentiel, sa puissance, nous permet d'exploiter au maximum notre génie créateur à travers lui, mais aussi, c'est lui et lui seul qui pourra nous permettre, non seulement d'évoluer en tant qu'Homme de manière exponentielle, mais surtout… sans lui, nous ne pouvons pas nous considérer… heureux !

C'est en cela que l'amour – celui que tout le monde arrive à peu près à définir – d'une famille, de ses amis, mais aussi particulièrement de son ou sa partenaire de vie est quelque chose d'extraordinaire. L'amour d'un conjoint ou d'une conjointe est en réalité une espèce d'alchimie où deux êtres se retrouvent en symbiose complète, sur les mêmes fréquences que cet état peut produire, sur les mêmes sentiments que cet état peut créer ; comme l'affection bien sûr, mais aussi la bienveillance, l'entraide, l'admiration, la tendresse, etc. On sait tous que l'amour est un état délicieux à vivre, qu'il peut nous permettre de faire face à ce fardeau du quotidien que représente la société. Sans ces bienfaits, je ne vois pas comment certains arriveraient à tenir...

Évidemment, comme pour le reste des sentiments, et comme pour l'argent, l'amour possède différents degrés. En connaître les significations, cela nous permettrait de mieux comprendre les ressentis qui seraient apparentés à l'amour, comme la jalousie. Qui peut elle-même atteindre des degrés importants et nous mener à des actes infâmes, tels que l'assassinat du supposé être aimé ou du soi-disant amant en question, quel paradoxe tout de même ! Tuer par amour ? La bonne blague ! C'est plutôt, tué par bêtise, à cause de l'ego et donc par ignorance ? Peut-être que si on avait tous reçu la bonne éducation, on pourrait tous savoir que la jalousie n'est pas de l'amour, à partir du moment où elle est désir de possession. Je peux être jaloux d'un mec qui a trop la classe et un charisme de malade, mais pourquoi être violent ? Je peux être jaloux de ce mec qui a cette ravissante femme près de lui, mais pourquoi être violent ? Je peux être jaloux si je surprends ma femme avec un autre homme ; il va m'être difficile de pardonner ce manque de confiance et de respect, mais je ne peux la forcer à m'aimer et à être fidèle. Du coup, il me faut passer à autre chose et cet homme n'y peut rien ; au contraire, je devrais le remercier, car il m'a permis de découvrir une vérité.

Finalement, pourquoi se montrer violent ? Si ce n'est juste pour exprimer une colère éphémère qui engendrerait peut-être des problèmes permanents. C'est l'ignorance qui nous rend bêtes et violents. Je peux aussi être jaloux de telle ou telle performance de la part d'un individu et vouloir par la suite me dépasser. Non pas pour le surpasser lui et devenir le meilleur, mais pour me surpasser moi-même et devenir meilleur, semblable à une source d'inspiration. L'interprétation de ce jugement sera différente en fonction du savoir de chacun. L'importance de l'éducation est capitale, car être jaloux de sorte à dire « c'est le mien » ou « c'est la mienne », « c'est moi la plus forte » ou « c'est moi le plus intelligent », devient ni plus ni moins que de la bêtise. Tu as mal, tu ne sais pas pourquoi et donc tu fais du mal aux autres pour qu'ils souffrent autant voire plus que toi.

Un jour, un vrai philosophe nommé Krishnamurti a dit : « Aimer, c'est avoir cet extraordinaire sentiment d'affection sans rien demander en retour ». Et qui dit ne rien demander en retour dit « laisser vivre » !

Si nous reprenions l'image d'une plante ou d'une fleur que vous trouveriez très belle chez votre voisin. Vous la regardez chaque matin en ouvrant les volets ou en buvant votre café. Vous l'admirez, elle vous inspire, elle vous apaise ou ce que vous voulez d'autre… Au fur et à mesure de ces rencontres matinales, l'affection pour cette plante grandit. Quelle réaction peut-il en découler ? Vous aimez cette plante, et comme elle ne vous appartient pas, par jalousie, vous vient l'envie de pénétrer chez votre voisin pour l'écraser et la tuer, car vous ne supportez plus de voir cette si belle créature loin de vous ; ou bien il vous vient l'envie de l'arracher pour pouvoir la replanter chez vous, car c'est en l'installant près de vous, en devenant le « propriétaire » de la plante, que vous pensez pouvoir aller mieux et elle aussi par la même occasion.

Dans les deux cas, on retrouve un acte immoral où le respect de la plante et de la personne qui lui apporte de l'attention (de la tension) en lui procurant un entretien régulier est ignoré. Je vous ferai remarquer que dans cet acte de « jalousie », on retrouve l'importance d'une bonne éducation, d'une bonne connaissance de la vie et de cette spiritualité (source d'amour envers l'Être) qui nous fait tant défaut dans notre société. Inutile de vous dire que forcément, si l'on croise une fleur qu'on affectionne ou non, et d'autant plus si on l'affectionne d'ailleurs, notre premier devoir est de la laisser vivre. Et il en va de même pour absolument tous les êtres qui peuplent notre chère et belle planète, c'est d'une logique incontestable. La nature n'est pas un outil, on en fait partie. Nous ne devrions pas profiter d'elle comme nous le faisons actuellement, mais vivre avec ! C'est ce qu'on appelle l'harmonie, il paraît.

Un individu qui cueille une fleur ne se doute pas une seconde qu'elle vit, qu'elle communique avec les autres plantes, qu'à son échelle, tu lui as fait du mal en l'arrachant. Qu'en la laissant vivre, tu peux la contempler, et en la tuant, je vous laisse deviner…

Si tu as appris à respecter la beauté, inconsciemment, tu sais que le mieux, c'est de la laisser vivre paisiblement. Aimer, ce n'est pas vouloir posséder, c'est vouloir son bonheur, c'est être attentionné. La possession n'est qu'égoïsme, n'est qu'inconscience et donc, n'est qu'ignorance. Enfant, tu vas cueillir naïvement des fleurs sans aucune raison quand tu en croises une, car tu n'as pas encore été imprégné de ce savoir qui mène à l'unité, qui mène au respect et à l'amour du vivant. Ce savoir qui te suggère instinctivement de veiller sur tout être vivant.

N'oublions pas qu'il y a des contrastes à travers les sentiments comme la jalousie ; plus elle sera intense, plus la violence se montrera. Car on peut tout aussi bien être jaloux, et en même temps heureux pour la personne, comme être jaloux et en colère contre elle. Il reste puéril de se mettre en colère, car ce n'est pas la jalousie qui tue, mais de ce que peut donner l'ignorance, et rien de plus. Tout est logique, tout se rejoint.

Qu'est-ce qui fait que l'on peut être jaloux d'un parfait inconnu, mais pas de notre père ? L'amour peut-être, la connaissance, ou le fait de savoir que c'est une personne qu'on n'aura pas peur de perdre à l'inverse d'un ou une partenaire ? J'ai beaucoup parlé de la jalousie, car c'est le contre-argument qui revenait le plus souvent dans mes recherches.

Le constat :

Rien n'appartient à personne ! Je crois que c'est une évidence qu'on se refuse à assimiler. L'argent nous rappelle cet esprit de possession chaque jour dans ce beau monde capitaliste où il règne en maître. Il est pourtant nécessaire d'en prendre littéralement conscience, et cela ne pourra se faire qu'à travers une éducation « globale » et saine ; il est impératif de nous enseigner toutes ces choses existentielles, que malheureusement tout le monde pense et juge superficielles.

Si le monde matériel n'est qu'éphémère, le monde spirituel ne l'est pas ! Pourquoi nos regards et nos objectifs de vie ne sont-ils pas en lien direct avec l'amour ? Pourquoi est-ce rentré dans les mœurs de vouloir que son enfant fasse de grandes études pour avoir un bon travail (en gros, beaucoup d'argent) ? À quel moment fait-on en sorte de développer chez lui les vertus essentielles qui composent son être ? Pour le guider au mieux sur le chemin de son épanouissement ; en lui faisant découvrir le domaine qui pourra le transformer et le rendre heureux. Si les parents ne remplissent pas ce rôle, qui le fera ? Je suppose que l'école et les médias pourraient nous enseigner tout cela, à travers des sociétés de « recherche sur les émotions et le corps humain », et par la même occasion, nous faire prendre conscience de l'importance de connaître toute l'ampleur du pouvoir de l'amour. De connaître ces sentiments qui en découlent, comme la passion par exemple ; vous savez, ce fameux sentiment qui procure des envies sans limites... qui pousse la réflexion à des paroxysmes ; l'imagination et la créativité sont des terrains de jeu fascinants.

Il nous faut aussi connaître et prendre conscience du désordre psychique que peuvent procurer la peur et la haine dans notre esprit ; seul le savoir peut nous permettre de les contenir, de les contrôler, de les surmonter pour nous éviter de nuire aux autres et à nous-même. Quand il a peur, un animal utilise son instinct primaire, car il ne possède pas la connaissance. Au même titre que la plupart des êtres humains, d'ailleurs. Il y a une différence entre un amateur et un boxer professionnel qui se bat par exemple ; l'un utilisera son instinct via l'ignorance des techniques, quand l'autre utilisera son savoir via la connaissance et l'expérience. Idem pour un alpiniste par exemple ; aucun amateur ne se risquerait à escalader une falaise abrupte, il faudrait être fou.

En supprimant l'argent de notre existence, non seulement on supprimerait aussi la violence, mais tout le monde pourrait viser autre chose que la richesse dans sa vie, laissant place à un confort dans notre esprit libéré de tout souci, de toute contrainte, de toute souffrance. Ces effets permettraient par la suite de littéralement briller dans notre quotidien et de faire jaillir notre plein potentiel, propre à chacun, sans le moindre obstacle mental.

Comme l'argent est diamétralement l'opposé de l'amour, si cette courbe du désir d'être riche grandit, je ne donne pas cher de l'avenir de cette belle planète et des êtres qui y vivent... Il y va de notre survie à tous d'arrêter cette machine infernale, si on ne veut pas plonger ce monde dans un chaos irréversible !

Si le monde n'est pas capable de se réveiller en prenant en compte des fondamentaux, c'est-à-dire la connaissance et l'amour, alors notre avenir est condamné à ne devenir que peur et souffrance. Je peux vous garantir que sans cet éveil des consciences, sans ce choc psychologique (indispensable pour s'ouvrir et interpréter les choses sous un autre angle), notre monde ne peut changer et sera condamné. On remarquera que la bêtise augmente au même rythme que la violence. Je vais vous surprendre en disant cela, mais… la violence provoquée par l'argent, c'est de l'amour. Et c'est là que cela devient à nouveau passionnant. Un amour empoisonné certes, mais un amour inconditionnel pour l'argent et ce sentiment illusoire de plaisir qui en résulte, une fausse lumière qui ne nous porte pas vers l'évolution humaine. Si cette violence n'est pas le fruit d'une volonté d'enrichissement matériel, alors cette violence émanera d'une mauvaise compréhension de la vie par ignorance. C'est parce qu'on aime l'argent qu'on est capable de se montrer violent pour lui.

Quand je pose la question aux gens qui m'entourent : quel est pour toi l'inverse de l'amour ? Tous me répondent la haine ou la peur, et je suppose que vous aussi, vous pensiez à cela. Mais, non ! Vous dirais-je, car avoir peur de quelque chose ou de quelqu'un, c'est lui donner de l'importance, de l'attention. Avoir de la haine envers quelque chose ou envers quelqu'un, c'est aussi lui donner de l'importance, de l'attention ; c'est lui porter un intérêt.

L'inverse de ce sentiment puissant et divin qu'est l'amour c'est l'indifférence ; si l'amour, c'est porter une attention à quelqu'un ou quelque chose, l'indifférence est son exact, son contraire ; et que remarquons-nous à présent ? Que l'argent et l'indifférence ont un lien de parenté ; l'argent nous pousse à l'indifférence. Vous ne trouvez pas qu'il y a une analogie flagrante ? L'indifférence est sûrement la pire chose qui puisse exister au sein d'une communauté humaine. Je veux dire, on ose défendre et mettre en valeur ce régime monétaire en affirmant qu'il est naturel, tout en sachant qu'il va à l'encontre des valeurs morales de la vie… Parfaitement logique, dirons-nous… Même les animaux se respectent et ne sont guère indifférents les uns envers les autres.

Toi, l'humain, un animal doué d'intelligence parce que tu fabriques des avions ? Ou doué d'intelligence parce que tu peux tuer l'un de tes semblables pour 10 euros, une insulte, un regard, un bruit, voire un éternuement… ? Nous sommes surtout des animaux pathétiques… Nous sommes à l'image de notre éducation.

L'autre problème que procure l'amour de l'argent est l'ego négatif que peuvent déployer certaines personnes. Si le problème n'était que de frimer, à la rigueur, il est compréhensible d'être fier de ce que l'on possède, d'être fier de la chose qui reflète le plus de valeur à nos yeux – à défaut de refléter la beauté de notre âme – Le problème est que cela ne s'arrête pas à la frime, l'ego, mal employé dû à un manque de connaissance, transforme nos potentielles vertus en potentiels vices. Et plus il grandit, plus l'on devient immoral.

Jiddu Krishnamurti « quand le moi est absent, l'autre existe » (et l'inverse : quand le moi est présent, l'autre n'existe pas) c'est très poétique et criant de vérité, vous ne trouvez pas ? Et que remarquons-nous chez tous les hommes de pouvoir, tous domaines confondus ? Une culture « du moi », un marketing « du moi », une société purement basée sur les apparences. Comment « l'autre » peut-il ainsi exister ? Et cet état d'esprit empire à une vitesse supersonique avec les réseaux sociaux et autres profils virtuels que l'on peut trouver, où le principal objectif est de « vendre son image ».

Je vous laisse réfléchir sur le fait que là où il y a de l'argent, il n'y a point d'amour et là où il y a de l'amour, il n'y a pas toujours d'argent. Remarquer l'évidence d'avoir son « moi absent » en présence d'une personne que l'on aime… Quelle coïncidence…

Et dire qu'on est à des années-lumière de tout découvrir sur cette enchanteresse énergie que représente l'amour, et des aspects qui en émergent.

Ces émotions que procure l'amour nous permettent de vivre des choses vraiment extraordinaires et souvent uniques... Elles nous permettent aussi de les vivre dans un corps et un esprit sain (ça, c'est un autre sujet).

L'amour, c'est très simple, c'est porter une attention bienveillante aux choses qui nous entourent. C'est leur donner vie, en s'abandonnant au reste. C'est se laisser totalement immerger par le présent ; c'est éveiller nos sens sur ce qui se passe. On ne demande pas aux gens d'aimer tout le monde, c'est impossible et cela n'est pas nécessaire. Un comportement normal et naturel suffira ; le respect suffira...

C'est l'amour qui nous permet de profiter pleinement de ce que la vie nous offre, seul ou en groupe, quoi qu'on fasse. L'important est d'optimiser le moment que l'on est en train de vivre, de faire de ce moment un échange d'énergie dispensée sous forme d'harmonie... Car porter attention aux choses, ce n'est pas seulement donner, mais c'est aussi recevoir ; et se faire du bien à soi-même. Au même titre qu'un cadeau par exemple, où le plaisir est d'offrir. Qui n'aime pas recevoir de cadeau ? Qui n'aime pas en faire ? Ce sont des moments qui nous font vibrer, non ? Ces fameux moments où les hautes vibrations sont au rendez-vous..., comme à Noël où tout le monde ressent cette atmosphère presque palpable... Est-ce là, la magie de Noël ou est-ce de l'amour ? Un événement ne représente qu'un concept… Ce qui fait de Noël, Noël, c'est toute l'attention que nous consacrons tous à cette période. Sans cette attention particulière, point de hautes vibrations, point d'émotion, point de partage, point d'amour, donc point de Noël.

Pouvons-nous conclure ce sérieux et précieux chapitre par l'importance d'éduquer les jeunes sur cette base-là, en leur donnant les bonnes informations afin de respecter naturellement toutes les choses qui les entourent. Que l'amour nous est essentiel si l'on désire devenir un Homme puissant, un Homme où la qualité du corps et de l'esprit seront optimaux, qu'il nous est nécessaire, non… indispensable dans toute activité ou projet de vie, quel qu'il soit.

Qu'il nous est tout simplement vital si on souhaite un avenir sans hémoglobine…

CHAPITRE 4 : l'ÉDUCATION

Jiddu Krishnamurti : « La véritable éducation,
c'est d'apprendre comment penser,
et non pas quoi penser ».

Qu'est-ce que l'Éducation ?

La définition officielle donne : formation, développement des facultés morales, intellectuelles et physiques.

On est bien d'accord. D'ailleurs, on mettra l'accent sur « le développement des facultés morales et intellectuelles ». Du coup, on peut affirmer que l'éducation n'est rien d'autre qu'un ensemble d'informations que l'on assimile à travers différents moyens ; les médias (radio, télé, publicité dans les rues, et maintenant internet), l'entourage (famille, amis, collègues de travail, personnes que l'on va croiser et avec lesquels on va discuter), l'Éducation nationale, l'art (à travers la musique, l'écriture et tout ce qui est visuel) et les célébrités.

Maintenant, quand on parle d'éducation, tout le monde pense aux parents, quand on parle de « montée de la violence » chez les jeunes, on rétorque « que font les parents ?! » Alors qu'on possède une institution qui garde nos gamins de 3 à 16 ans minimum, 35 heures par semaine, et qui se nomme l'école, via l'Éducation nationale, excusez-moi du peu…

Pourquoi faire culpabiliser les parents ? Pourquoi faire culpabiliser des gens qui, majoritairement, travaillent toute la journée et n'ont que peu de temps à consacrer à leur enfant, à cause de ce système. Le week-end et quelques heures le soir suffisent-ils à garantir cette bonne éducation, alors que les nombreuses heures à l'école pourraient alors tout détruire ? La transmission des savoirs n'est pas leur métier, à la différence des professeurs à l'école, mais surtout, ils n'ont pas toujours les compétences ni le savoir nécessaire pour faire en sorte que leur enfant grandisse sainement avec son plein potentiel ! Comment peuvent-ils transmettre ce qu'ils ignorent ? Le tout à travers de mauvaises méthodes souvent basées sur ce que la société attend d'un homme ! Je ne suis pas en train de dire qu'ils n'ont pas leur rôle à jouer, mais que l'éducation (globale) est omniprésente, qu'on le veuille ou non, à chaque fois qu'une information pénètre notre esprit.

Quand on prend conscience que tout ce qui nous entoure est une source d'éducation et à partir du moment où un enfant accorde de l'attention à quelque chose ou à quelqu'un, il en absorbe le contenu ; c'est pour cette raison que les parents, les amis et les célébrités sont les sources d'information les plus influentes pour un enfant. Sinon, il faudrait m'expliquer comment deux frères ou sœurs, qui ont reçu exactement la même éducation, peuvent être aussi différents l'un de l'autre ? De base, l'éducation est d'une complexité folle ! Ce n'est pas simplement donner des ordres à son enfant sans chercher à lui faire comprendre le pourquoi du comment, juste pour qu'il obéisse au bon vouloir des parents, ou pour qu'il soit à la hauteur d'un politiquement correct débile qui ne pousse à rien d'autre qu'à l'hypocrisie. C'est tout un ensemble de choses qui forme l'éducation d'un être. En tant que professeur de l'Éducation nationale, c'est de son devoir d'éduquer correctement un enfant, d'être à la hauteur de la fonction. C'est une discipline qui nécessite des subtilités à mettre en œuvre, car tous les paramètres sont importants face à un enfant qui assimile absolument toutes les informations qui passent par ses sens en éveil, pour ensuite les trier inconsciemment par affinités pour en faire des synthèses.

Imaginez que, si l'Homme est le résultat d'une énorme équation qui doit tomber juste pour créer un équilibre intérieur, et bien, l'éducation sera la méthode garantissant la résolution de cette dernière. Il nous faut donc connaître et comprendre cette méthode pour la transformer en savoir et permettre l'épanouissement d'un Homme. Si les parents, professeurs ou maîtresses étaient au courant de ce potentiel énorme, de cette puissance incroyable d'assimilation des données que possède un enfant en bas âge, le monde se porterait mieux. Et le seul moyen de profiter de cette puissance serait par le biais d'une éducation riche et variée pour leur procurer un esprit sain, au même titre qu'une bonne alimentation dans un corps sain. Leur apprendre des choses existentielles et passionnantes (pléonasme, car toute chose concernant l'Homme est naturellement intéressante), pour qu'ils intègrent le fait qu'apprendre, c'est un plaisir et non une corvée ! Qu'il est nécessaire de se dépasser soi-même et non de dépasser les autres. Qu'il est plus qu'enrichissant de pratiquer une activité artistique (domaine nécessitant ses mains, son cerveau et son cœur pour en explorer tous les compartiments), car elle permet d'instaurer une passion chez l'enfant, pour qu'elle lui procure l'envie d'apprendre des choses, pour pouvoir ensuite les appliquer à travers la créativité.

En bref, à aucun moment nous ne devons laisser un enfant à l'abandon ! Encore une fois, il n'y aurait pas de débat si nous vivions dans une société saine, une société sans argent, où le seul but serait l'épanouissement collectif. Mais de nos jours, éduquer un enfant dans le droit chemin au milieu de toute cette mascarade... devient un vrai parcours du combattant. Plus une société est malade, plus l'éducation devient une arme incontrôlable.

Dans une « brillante » société telle que la nôtre, où l'environnement est hostile, l'Éducation nationale et la télévision détruisent tout le potentiel incroyable que peut avoir un enfant. Dans notre société, les parents sont complètement « out », en se contentant du minimum syndical, similaire au besoin d'une plante verte ; mettre son enfant dans sa chambre avec une console de jeux pour être tranquille, et lui donner à boire et à manger.

Si je continue par un exemple, on vous demande d'entretenir une graine germée, votre rôle dans l'éducation de cette graine, pour qu'elle devienne une belle plante saine et robuste, serait de lui donner une bonne eau, de la mettre dans une bonne terre vivante, de lui donner le temps de soleil idéal et pourquoi pas la planter à côté d'autres plantes qui pourraient l'aider à mieux pousser. Je fais ce parallèle avec la nature, parce qu'on ne se rend pas compte d'une chose : l'agriculture et l'éducation sont des arts qui nécessitent un savoir pour les maîtriser, qui nécessitent une compréhension de la Nature pour l'un, et de l'Homme pour l'autre. Les similitudes sont présentes, car bien nourrir un enfant d'un point de vue intellectuel et alimentaire de la part des parents équivaut à la bonne eau pour les plantes, parce qu'il est nécessaire d'avoir un environnement sain comme un bon terreau, pour lui faire comprendre que la spiritualité représentée par le soleil est indispensable à son être et que tout ce savoir-là, mis bout à bout, procure la puissance nécessaire à l'Homme afin de s'accomplir.

Forcément, si on ne sait pas, on met n'importe quelle terre, trop peu ou trop d'eau, peu ou trop de soleil. Tout ça, c'est de la connaissance qu'il faut avoir envie de découvrir. Ce ne sont pas juste des « détails » insignifiants ; là, on parle d'un être humain quand même. L'importance d'une bonne éducation parentale et sociétale est cruciale pour éviter le merdier dans lequel nous sommes actuellement.

Comment en vouloir aux parents ? « Pardonne-leur, ils ne savent pas ce qu'ils font ». Trop aveuglés par ce lourd quotidien et trop ignorants des facultés que peut avoir un enfant, un être humain ; sans doute déjà fragilisés par leur propre éducation ? Fragilisés par un système de torpeur ? De nos jours, les facteurs sont bien entendu trop nombreux.

Comment en vouloir aux politiciens ? Ils font leur job : ils font ce que les puissants milliardaires désirent, c'est-à-dire, nous infantiliser pour devenir des consommateurs dociles qui ne se poseront aucune question existentielle. Eux mangent des gambas royales en sirotant du champagne sur leur porte-avions pendant que toi, tu cours au rayon « soldes » en bousculant tout le monde sur ton passage pour pouvoir acheter ce fameux aspirateur à -30 %.

Non, je vais en vouloir principalement à tous ces adultes qui se prétendent professeurs ou maîtresses et qui font absolument n'importe quoi, pourquoi suivent-ils des programmes qu'ils réfutent parfois ; nous faire apprendre par cœur des informations totalement inutiles en boycottant les trois quarts d'une classe de trente élèves, car pour la plupart, ce n'est pas une vocation qui consiste à transmettre des informations existentielles, mais une porte vers la tranquillité à travers un emploi du temps très léger. Je ne parle pas pour tous, mais pour une bonne partie d'entre eux !

En fait, même là, tu as envie de les pardonner. Comment leur en vouloir de désirer un métier tel que celui-ci ? Les enfants changent chaque année, j'ai mon salaire, mon petit emploi du temps, mes vacances.

Ce qu'ils n'ont pas compris, c'est qu'ils représentent l'éducation pure, celle qui accompagne un petit humain durant toute sa jeunesse, quasiment toute la journée et tous les jours. Son importance est démesurée, car un enfant demande beaucoup d'attention et un apprentissage à la hauteur de ce qu'il représente. Un prof pour trente élèves, c'est ni plus ni moins qu'un immense gâchis, on n'est pas à l'usine. Leur donner uniquement de la culture générale inintéressante à manger, c'est aussi un immense gâchis, on n'est pas du bétail.

Je vous donne une équation simple à résoudre, vous pouvez la faire chez vous : « pauvreté de l'attention vis-à-vis de prof à élève » multipliée par « pauvreté des informations » plus « pauvreté de l'éducation au foyer » multipliée par « pauvreté des influences (amis, télévision, internet, etc.) » = violence, tristesse, peur, crime, suicide, etc., etc.

Je vulgarise, mais les faits sont bien là et comme l'a si bien dit un brillant homme dont personne ne parle (Jiddu Krishnamurti) : « La véritable éducation, c'est d'apprendre comment penser, et non pas quoi penser ». Autant dire que l'éducation n'est pas une sinécure. Elle est notre guide durant toute notre vie. C'est l'éducation qui est seule à l'origine de toutes nos envies et de nos rêves ; si tu as envie de faire n'importe quoi ou si tu as envie de t'élever, si tu as envie d'accumuler des valeurs palpables ou si ton principal objectif est de les assimiler. Qu'est-ce qui fait qu'un Homme peut changer à tout âge au cours de sa vie ? L'assimilation d'une parcelle de connaissance que l'on aura comprise, expérimentée et répétée.

Le problème dans tout ça, c'est que la société est devenue un immense bazar, car tout ce qui nous entoure pousse au vice et nos jeunes grandissent dans la violence physique et/ou psychique. Si certains ne la vivent pas, ils la voient, et s'ils ne la voient pas, on la montre à travers les médias... tous les jours. Et malgré ça, certains arrivent quand même à illuminer les autres de leur amour. Et après, on voudrait nous faire croire que l'Homme naît mauvais… Pour détourner toutes les vraies origines de ce mal-être humain. Je ne me lasserai pas de répéter que l'Homme est un être d'amour, qui patauge dans la merde dès son incarnation.

On sera d'accord pour dire que tous préféreraient vivre à Neuilly-sur-Seine que sur Marne ; un meilleur confort et un meilleur environnement pour un potentiel meilleur avenir. Je ne sais pas vous, mais je trouve ça assez comique de constater que sur des caractéristiques purement aléatoires (j'entends par là qu'on n'a pas choisi) telles que notre sexe, notre couleur de peau, notre lieu de naissance, nos origines, notre visage, etc., on nous discrimine au sein de notre prodigieuse société composée d'humains (doués d'intelligence ?). Mais quelle ironie, mais quelle bêtise… et après, on va s'étonner, vraiment ?

Parce que si j'ai telle particularité que je n'ai pas demandée, comme être Noir, tu vas me condamner ? La société va me condamner ? Ta foi va me condamner ? Le monde va me condamner ? Je suis blanc, toi tu es noir, donc on se fait la guerre ? Les enfants grandissent dans cette atmosphère de bêtise, dans ce monde composé en grande partie d'adultes stupides ! Penser de la sorte est un gros problème d'éducation…

Alors certes, la société est cruelle et on essaye de pointer du doigt ceux qui seraient à l'origine de notre mal-être, mais respecter un Homme, peu importe d'où il vient, devrait être quelque chose de tout à fait naturel, non ? Ce n'est quand même pas compliqué ? Les gens qui jugent les autres sur des faits aléatoires devraient faire l'effort de se cultiver davantage ? … C'est là où ils sont malins, c'est qu'en fait, on est tous très prudents les uns envers les autres. Et comme la peur est présente, il est préférable, voire agréable et très rassurant, d'appartenir à un groupe, à une communauté. On se sent moins seul… Alors qu'en réalité, personne ne l'est et personne ne le sera jamais !

Il est important de parler de tout ça, car cela concerne principalement l'éducation, mais surtout, il faut bien comprendre qu'un enfant s'imprègne et interprète tout ce qui l'entoure. Qu'il ne possède pas les armes pour pouvoir se défendre au mieux face aux informations qu'il va recevoir durant toute sa croissance. Les parents se doivent de faire attention à éviter au maximum tout ce qui serait nuisible à leur enfant. Ça paraît évident, mais ça ne l'est pas. Pas besoin d'énoncer les effets nuisibles sur le long terme, car vous les connaissez au fond de vous et que d'autres facteurs, comme l'amour ; l'attention qu'on va porter à son enfant, la bienveillance qu'on va lui amener, l'entraide qu'on va lui apporter, les conseils et explications qu'on va lui dispenser, etc. sont tout aussi importants et indispensables pour le bien d'une croissance optimale. Ce qui va être essentiel, c'est de maintenir son équilibre (que l'équation tombe juste) à travers le vôtre. Les parents sont, aux yeux de leurs enfants des idoles, des exemples à suivre. Si la présence des parents ne correspond pas ou ne suffit pas, ils trouveront leurs exemples ailleurs, suivant leur environnement et leurs fréquentations. Il ne faut pas croire qu'un enfant va se forger naturellement et qu'il faut simplement qu'il grandisse et parvienne à trouver une voie qu'il affectionnera. Ça ne marche pas comme ça, ce n'est pas une plante verte !

Un enfant qui grandit avec le soutien de sa famille, qui fait tout pour qu'il soit épanoui n'aura absolument pas le même impact qu'une famille qui ignore et traite ses gosses de bons à rien. Au-delà du fait que c'est une bêtise d'éreinter son môme, le fait de le dénigrer installera chez lui une perte de confiance et d'estime en soi ; tandis que l'enfant qui grandit avec les encouragements aura au contraire confiance en lui. Et inutile de vous parler de l'importance écrasante qu'a la confiance en soi sur notre société actuelle. Je critique cette façon de faire de la part des parents, mais à l'école, ce n'est pas mieux. On sait très bien que la plupart des professeurs ignorent totalement la majorité des élèves et leur avenir, et encore plus ceux qui « foutent le bordel », mais je ne les blâme pas pour autant, je conçois la difficulté qu'elle représente. Ce que j'ai envie de blâmer, c'est simplement leur comportement, en tant qu'êtres humains qui ont décidé d'instruire les générations futures. Vous êtes à côté de la plaque, les amis… Je parle surtout pour ceux qui ont choisi ce métier pour tous les avantages qu'il apporte, et que d'instruire des enfants, ils s'en fichent éperdument… Savoir ce qu'untel est devenu leur importe peu. Ceux qui font ce métier par vocation ou par intérêt sont dissociables avec le temps, et peu importe le métier en fin de compte. Durant notre scolarité, on fait la connaissance de combien de professeurs différents ? Cinquante en moyenne ? Combien nous ont marqués ? Combien nous ont transmis cette notion indispensable pour la vie qu'est le plaisir d'apprendre des choses ? Peut-être un ou deux, j'arrondis au supérieur. Résultat : on doit se retrouver avec plus de 95 % des enfants qui ne veulent pas travailler, ou faire le minimum, et on a la même chose du côté enseignant ; des adultes qui font leur job en attendant patiemment les vacances.

Du coup, comment vous concevez le futur ? Parce que ça ne va certainement pas s'améliorer tout seul… Là, les courbes, plaisir d'aller à l'école et plaisir d'apprendre, sont décroissantes depuis… Presque toujours. Seuls l'éducation ou un miracle pourront nous sortir de la merde dans laquelle l'Humanité s'est fourrée. Il faut vraiment un choc des consciences pour que ça change et ce n'est pas demain la veille… Malheureusement.

Ceux qui auront compris les dangers de l'école sur la croissance de leur enfant déscolariseront les leurs. Et c'est là où ça devient intéressant… Que remarquons-nous chez les enfants qui n'ont pas été scolarisés ? Évidemment, quand je parle de déscolarisation, encore faut-il en avoir la possibilité et les moyens de le faire, mais… On va partir du principe que tu veux le meilleur pour ton gamin, une éducation plus saine pour une croissance plus saine, donc automatiquement, comme pour tout dans la vie, tu te donneras les moyens pour y parvenir. Surtout quand il s'agit de la personne la plus importante à tes yeux. Alors, en quoi l'école est-elle nuisible ?

Je crois qu'il faudrait tout un chapitre pour en faire le tour… Déjà, parlons de l'école elle-même avant de faire le tour du proprio. C'est un endroit où, dès l'âge de 6 ans jusqu'à l'âge adulte, on t'évalue suivant ta capacité à mémoriser ce que l'Éducation nationale te donne. On ne veut pas que tu sois bon dans un domaine qui pourrait par la suite te passionner, non ! On veut que les 30 élèves de la classe aient tous une bonne note dans toutes les matières en mémorisant bien leurs leçons ; l'important sera d'avoir une « bonne moyenne générale ». On ne demande pas à l'élève de faire exploser sa créativité, d'être curieux, de découvrir des sujets qui le concernent et pourraient l'intéresser, lui permettant d'en apprendre davantage sur sa personne et son être pour l'emmener tout droit vers un savoir qui lui garantirait une bonne santé physique et mentale…, non !! On ne lui demande pas non plus de développer son sens de camaraderie et de l'entraide avec les jeunes de son âge avec lesquels il va partager plusieurs années, non, ça, il n'en est pas question !!

Tout ce qu'on lui demande, c'est de se taire, de ne pas déranger les autres et d'apprendre par cœur sans nécessairement comprendre. De lever la main pour parler. D'intégrer des réflexes qui accentueront les automatismes de soumission face à une autorité quelconque. L'important est de ne pas déranger le cours en instaurant des barrières sociales avec les autres élèves, de copier le cours au mot près et de l'apprendre par cœur pour le jour J du contrôle, qui prouvera par la suite « ton intelligence ». Il n'est pas nécessaire de s'intéresser ni même de comprendre le cours. Et ça, c'est censé être bénéfique pour l'évolution d'un Homme ? C'est passer sept heures par jour dans un endroit vicelard juste pour « assurer » un avenir incertain. D'ailleurs, on te le dit bien et ça n'étonne personne, on te dit « Fais des études si tu veux trouver un bon travail plus tard (avoir de gros revenus). » On ne te dit pas de faire des études pour te permettre d'apprendre et découvrir plein de choses ; que pendant ton apprentissage, tu vas sans doute découvrir un domaine qui te correspondra. Pensez aussi à la pression d'un gosse pour faire en sorte d'avoir la bonne note pour faire plaisir à papa et maman. À la compétition liée aux notes, faisant en sorte d'enrichir son ego au détriment des autres. Et te faire comprendre que dans la vie, tu es tout seul ! Qu'il n'y a pas d'entraide, de fraternité ni de solidarité ! L'Éducation nationale ordonne à chaque élève du pays d'avoir chacun son équerre, sa trousse et même ses maudits livres qui pèsent une tonne et détruisent le dos de ta gamine de huit ans qui ne peut pas aller à l'encontre des règles imposées et que les parents soutiennent.

Et tout ça pour apprendre quoi ? Sortir de là en ayant retenu quoi ? Absolument rien ou presque. Personnellement, la seule chose que je retiens de ma scolarité, c'est le théorème de Pythagore (comme si ce mathématicien de génie n'avait apporté que ça à l'Humanité…), la Seconde Guerre mondiale et « Ratus ». Ce n'est qu'un condensé de culture générale qui ne sert, non seulement à rien dans ton existence en tant qu'Homme, mais en plus de ça, ne te sert encore moins dans ta vie professionnelle sauf à devenir prof et à ton tour transmettre ces mêmes infos qui ne serviront qu'aux prochains profs, quelle ironie… Ton employeur n'en a rien à faire de savoir que tu peux calculer un angle à quarante-cinq degrés ou de savoir qu'Hitler était un vilain monsieur ou encore, que Brian est dans la cuisine…

À mon époque, il y a plus de 15 ans, un élève qui avait son bac était considéré aux yeux des autres comme intelligent et celui qui le ratait était le crétin. Sans oublier le condensé de stress et d'humiliation qui en résultaient. Mais bon, c'est sans doute pour le bien-être des enfants… N'est-ce pas !

La masse ose penser que ceux qui ont le cursus scolaire le plus imposant sont aussi les plus intelligents parmi nous, dans le genre, si tu as fait l'ENA « c'est juste trop waouh ! »… Peut-on conclure après cette observation factuelle qu'Albert Einstein (« L'éducation est ce qui reste après qu'on ait oublié ce qu'on a appris à l'école »), Abraham Lincoln, Steve Jobs, seraient donc des bons à rien aux yeux de tous, car non diplômés ? L'Éducation nationale est une tueuse de Génie (les deux). Elle est un manque de respect total envers la connaissance, envers l'Homme et surtout, envers tous les grands penseurs de notre histoire qui ont marqué la beauté de l'Homme à l'encre noire. Comme si le fiasco s'arrêtait là, mais non… On va faire le tour du proprio maintenant…

Il y a une autre forme d'éducation dans l'enceinte même de l'Éducation nationale : ce sont toutes les influences que va apporter le système scolaire. C'est-à-dire l'impact engendré par l'environnement qui accompagne l'enfant durant toute sa croissance, qui va assurément être à l'origine d'une éducation abstraite et prégnante. Ce que je veux insinuer, c'est qu'un enfant est une éponge qui absorbe toutes les informations qu'il va rencontrer. Plus il y mettra de l'attention et du sentiment, plus l'information sera pénétrante. Le résultat engendré par une personne qu'on idolâtre va avoir beaucoup plus d'impact qu'un voisin à qui on dit bonjour. Il y a aussi tous les camarades qu'il va côtoyer, amplifié par ces réseaux sociaux malsains. La qualité du foyer et du quartier, la qualité et l'emplacement de l'école, la qualité de l'alimentation fournie, etc.

Tous ces « détails » feront l'objet d'une influence puissante difficilement contestable par les parents, comme par exemple, vouloir un téléphone portable à huit ans parce que tous les copains ou copines en ont un. C'est sûrement un détail pour vous, mais ça conditionne l'enfant à trouver ça normal d'avoir un téléphone à cet âge-là – le problème n'est pas d'empêcher son enfant de téléphoner en cas de pépins, mais c'est l'accès aux réseaux sociaux, site en tout genre, jeux infantilisants, etc. – et de penser qu'en fin de compte, ses parents sont des cons, car ils ne comprennent rien, à la différence des amis qui eux, le comprennent.

Ces influences vont guider l'enfant à travers ses choix de vie contre la volonté des parents, mais aussi contre la volonté de l'éducation nationale ; elles forment assurément une éducation abstraite, une éducation dont la majorité n'a pas conscience. Écouter du rap, boire, fumer, faire tel ou tel sport, faire telle ou telle chose, etc. C'est le plus souvent mimé sur nos camarades, et on s'enrichit d'eux à défaut de s'enrichir pendant les cours et dans notre foyer. Et plus l'éducation parentale est bancale, plus ces influences prendront le dessus sur le reste.

Est-il nécessaire de parler de toute la violence et de ses dérives qu'on peut rencontrer à l'école ou/et en y allant ? Combien subissent des violences physiques durant leur scolarité pouvant aller jusqu'au traumatisme ? Combien subissent des violences psychologiques comme les menaces, les insultes, les moqueries qui peuvent développer chez eux des complexes, ou dans le pire des cas des traumatismes, qui les poursuivront toute leur vie ?

Après, on va te dire « mais c'est ça la vie ! » Non, non, ce n'est assurément pas ça la vie, ni même un aperçu. La vie est par définition quelque de chose de merveilleux ; et tout ceci ne l'est assurément pas !

La crise d'ado ? Sous prétexte que tu as des poils qui poussent, tu piques des crises ? Non, c'est juste une appellation que les gens emploient pour justifier une mauvaise éducation ; juste un gosse paumé qui n'a que faire de l'importance d'apprendre des choses et de l'autorité de ses parents. Dans sa tête à lui, la vie est un fardeau, car il est ignorant de tout, il n'a aucune passion, plein de règles à respecter où qu'il aille, et un avenir au bonheur incertain. Le seul moyen de nos jours pour qu'un jeune grandisse à peu près convenablement, c'est qu'il ait des parents exceptionnels. Et comme les deux travaillent maintenant, l'éducation est moins présente, car leur temps est limité. Une fois la journée de travail terminée, il faut s'occuper d'eux, de leur repas et les préparer pour être opérationnels le lendemain, car le travail c'est tous les jours, l'école aussi. Pas de pause, et pas d'équilibre.

L'éducation est une notion complexe, mais la seule chose à retenir c'est l'importance d'accorder de l'attention à la source d'information pour l'assimiler au mieux. Pour changer votre vie, je vous invite à y réfléchir. On apprend et on ne retient une source d'information avec compréhension qu'à partir du moment où on utilise l'un de nos sens : toucher, sentir, écouter, parler et voir. Chaque sens nous permet de pouvoir capter l'information venant d'une source externe. Si l'on part sur ce principe-là, que reste-t-il ? Qu'est-ce qui va faire la différence, si vous et moi partageons la même action ou la même information ? Ce sera l'interprétation qu'on en fera. Et la qualité de l'interprétation découlera de la qualité de l'éducation reçue. C'est elle qui va permettre de choisir quelles informations méritent qu'on lui accorde son temps et son attention. Le pilier de l'éducation est, a toujours été et restera l'amour. Sans attention, comme dit plus haut, point d'assimilation ; c'est un fait et je défie quiconque de me prouver le contraire ! Une information qui nous laisse indifférents ou que l'on décide d'ignorer ne peut être retenue. J'ai un exemple limpide à donner, c'est important, car c'est l'une des clefs pour comprendre pas mal de problèmes irrésolus.

Si l'on considère, même si c'est le cas, qu'un être humain représente une information… Si vous ignorez cet individu, il est évident que vous n'apprendrez rien sur lui. Par contre, si vous lui accordez de l'attention, vous allez enregistrer toutes les informations qui vont en découler : verbale, corporelle. Vous irez même plus loin, jusqu'à lui poser des questions et donc vous intéresser à lui. Vous allez parler de vous, de lui, décider de rester ou de partir, trouvant l'information (la personne) intéressante. Tout ça pour dire que derrière toutes ces informations assimilées se cache l'amour, qui garantit une envie d'en savoir plus. Maintenant, je vous pose la question suivante : retrouve-t-on cet amour à l'école ? Si j'applique la même comparaison ; les élèves ont-ils envie de rester plus longtemps en classe ou préfèrent-ils le doux son de la sonnerie qui définit l'arrêt du cours ? La majorité des élèves ignorent-ils le cours et le prof, ou accordent-ils toute leur attention à ces derniers ? Préféreraient-ils éviter l'école ou y rester plus longtemps ? Sommes-nous d'accord pour dire qu'un élève écoutera davantage les conseils d'un Z. Zidane que d'un prof ? Étant plus influent, donc plus impactant... C'est de l'amour, ne cherchez pas plus loin. Si ce n'est pas l'amour de la personne, ça sera l'amour du foot, l'amour de sa réussite en tant que famille d'immigrés, l'amour d'une célébrité aimée de tous, peu importe... Il faut savoir qu'aucune information ne pénètre notre corps sans notre accord, avec la loi du consentement, mais cela est une autre histoire.

À mon époque, combien de personnes auraient voulu ressembler à Tony Montana ? Il est intéressant de constater la quantité de jeunes qui s'identifient à des personnages qui représentent les vices et le pouvoir. Par contre, je n'ai pas connu personne qui aurait voulu s'identifier à l'abbé Pierre ou Mère Thérèsa...

La société actuelle n'est qu'une représentation du niveau d'intelligence de la génération de nos parents. Ce sont eux qui nous ont divinement bien éduqués et ont embelli cette société depuis 30 ans. Donc, les jeunes sont le résultat de vos performances... Mais ceci peut être excusé, vous êtes plongés dans un bain d'ignorance, pensant que la vie, pour vous, consiste uniquement à trouver son bonheur dans le travail, dans l'argent, dans le confort matériel... Dieu merci, certains écrivains ou « chercheurs de vérité » sur internet nous tiennent informés de la beauté que représentent l'Homme, la Nature et l'Univers. On vous excusera de ne pas avoir ce joyau qu'est internet, car à votre époque, votre seul moyen d'apprendre ou de vous informer était les journaux, la radio, la télévision, certains livres et votre entourage social, qui s'approvisionnait en informations de la même manière. Faute de quoi, il était très difficile pour vous de toucher à la connaissance.

Le plaisir et l'envie d'apprendre sont des facultés indispensables si l'on veut s'enrichir au mieux et transmettre par la suite la synthèse de notre héritage intellectuel et culturel aux générations futures. Il faut bien comprendre que les personnes influentes, telles que nos parents et professeurs, se doivent d'être des modèles pour les jeunes. Seul l'équilibre compte et peut nous rendre heureux ! Il n'est pas fait de matière, mais de spiritualité, ce n'est pas non plus une notion complexe, mais simple !

Un être humain accompli est semblable à une œuvre d'art. Il nécessite beaucoup d'attention, de temps, de connaissance et d'expérience pour pouvoir accumuler un savoir-faire et une envie d'exceller pour le bien-être de notre planète et de ses habitants. L'Art, ainsi que l'Homme sont tous deux une représentation de la beauté ; si l'art est une beauté créatrice produite par l'amour et la main de l'Homme, alors l'Homme est une beauté créatrice produite par l'amour et la main de l'univers.

CHAPITRE 5 : LA CONNAISSANCE

Bertrand Russel a dit « Une bonne vie est inspirée par l'amour et guidée par la connaissance ».

Je crois bien que tout est dit dans cette citation d'une profondeur et vérité absolue ! Ce genre de phrase devrait percuter l'esprit de quiconque... Ce genre de phrase devrait se retrouver sur les murs de chaque enseigne de l'Éducation nationale. On se doit de se pencher sur cette citation à partir du moment où l'auteur annonce la résultante d'une bonne vie. On voit clairement l'intérêt de faire en sorte que nos actions soient positives à l'Homme. Pour cela, nous avons besoin d'être inspirés par l'amour et guidés par la connaissance (le mot « guidé » est bien choisi, on perçoit le rôle éducatif de la connaissance). Qu'entend-il par connaissance ? Désolé, on ne parlera pas de culture générale ici... mais plutôt d'informations amenant à un savoir essentiel à l'Homme. Tout le monde a soif d'apprendre, consciemment ou pas. Si tu ne l'as plus, c'est que tu n'as plus d'objectif dans la vie, car l'envie d'en savoir plus sur tel sujet et la qualité de ces derniers va dépendre des ambitions de chacun. La plupart voudront uniquement s'informer sur ce qu'il leur semble nécessaire d'apprendre pour atteindre leurs objectifs. Quand certains sont préoccupés par la baisse du prix de l'essence ou du beurre, d'autres s'interrogent sur le bien-être de leur existence et celle des autres.

La société veut que tu t'intéresses à un domaine qui te permettra de gagner ta vie ; médecin, coiffeur, informaticien, avocat, astronaute, etc. Chaque métier nécessite ses propres compétences à acquérir pour pouvoir le maîtriser. Jusque-là, a priori, pas de problème. Par contre, on remarque que les gens s'intéressent et assimilent seulement ce qui leur semble nécessaire... donc on soulignera une nouvelle fois le rôle important qu'a l'éducation à mettre les jeunes gens sur la bonne voie pour leur permettre d'atteindre le meilleur apprentissage possible. Autant dire qu'apprendre un métier, c'est le minimum, non ? Et si on s'en donne les moyens, on peut apprendre et maîtriser n'importe quel domaine. C'est à la portée de tout le monde. Encore une fois, tout est une question d'envie ! Ce qui va compter, c'est la qualité des informations que l'on va vouloir incorporer à notre cerveau durant notre vie. Faisons la distinction entre l'intelligence, la culture générale et la connaissance. Trois notions qui n'ont strictement rien à voir entre elles, mais que tout le monde s'efforce de mettre dans le même panier.

L'intelligence est le contenant et non le contenu. Il est le processeur de notre mental, la capacité que l'on a de piocher les informations enregistrées sur notre disque dur et la capacité de s'en servir au bon moment pour l'optimiser. Être intelligent, c'est avoir un esprit vif, un esprit ergonomique.

La culture générale, c'est à mon sens l'escroquerie, car si la connaissance est l'ensemble des informations essentielles à l'Homme ; par exemple, connaître le fonctionnement de son corps, de son cerveau, s'intéresser à tout type de science, à la philosophie, à la nature, à l'espace, à la spiritualité, etc., la connaissance regroupe donc des choses qui nous concernent directement et nous sert… et donc tout le restant, c'est de la culture générale, les informations non essentielles pour soi et pour son « soi intérieur », comme la quasi-totalité de ce qu'on nous force à apprendre à l'école. En d'autres termes :

• La culture générale, c'est pour les autres, pour tes activités, pour ton travail au sein de notre société superficielle.

• La connaissance, c'est pour toi, pour l'humanité, elle est ton gouvernail pour t'accomplir en tant qu'être humain !

Pourquoi est-ce si important de s'enrichir de « vraies » informations ? Car se cultiver ainsi, permettrait à coup sûr, dans un second temps, d'éradiquer la violence ! Je pèse bien entendu mes mots.

Il est très important pour tout le monde de bien prendre conscience que la violence est présente uniquement à cause de l'ignorance qui génère de la bêtise qui procure par la suite une soif d'argent de la part d'une très grande majorité ! Les journaux officiels ne cessent de nous le rappeler quotidiennement… La violence est omniprésente ! Elle est la principale cause de ce mal-être collectif et profond. Pensez-vous vraiment que tous ces crimes : vols, braquages, viols, assassinats, séquestrations, trafics, etc., sont dus à la politique ? À l'immigration ? Aux patrons ? Au pouvoir d'achat ? (Je ris, vaste boutade) … La violence est principalement causée par un énorme problème d'ignorance, d'une mauvaise perception de la vie et de ce que nous représentons vraiment ! … Nous sommes des ÊTRES HUMAINS ! Il serait temps de se comporter en tant que tels. Il serait temps que tous, nous fassions en sorte d'acquérir un savoir pour nous attirer vers une vie meilleure. De faire des choix de vie importants comme supprimer cet outil maléfique, ce concept à l'origine de toute cette mascarade planétaire : l'Argent.

Ce qui suit est factuel et si vous ne me croyez pas, vous pouvez vérifier par vous-même en faisant vos propres recherches :

• La connaissance nous permet d'être plus heureux.

• Elle nous permet quasiment à coup sûr d'être et de rester en bonne santé et de vivre une vie sans tomber grièvement malade…

• Elle nous permet de revoir nos objectifs de vie, nos priorités, nos envies, nos rêves… elle nous apprend les vertus et non les vices.

• Elle nous permet d'évoluer plus rapidement et efficacement dans les recherches, tous domaines confondus.

• Elle nous permet de vivre ensemble et d'acquérir une puissante fraternité entre nous ! Fini la division, les conflits !

• Elle nous permet en définitive de nous diriger vers une société sans argent. Une société où le collectif a remplacé l'individualisme.

Je pense que le rempart contre l'ignorance et par ricochet contre les vices, c'est l'éducation (scolaire, parentale et environnementale).

L'éducation est un mur porteur qui permet de faire les bons choix dans la vie et de se diriger vers le plaisir d'apprendre, un rempart contre le chaos est la connaissance. Donc, résumons un peu : si l'intelligence représente le contenant, si la connaissance représente le contenu essentiel à l'Homme, si la culture générale représente un contenu futile à l'Homme, alors l'éducation représentera la composition de ce fameux contenant. Et plus il y aura d'amour, plus le contenu et son contenant seront de qualité, car sans amour point d'attention, point d'implication. L'éducation est donc ce qui permet d'orienter les nouvelles générations vers les bons chemins à prendre pour évoluer positivement et harmonieusement en société.

Revenons sur notre belle et charmante société moderne à présent. On sera d'accord pour dire que le terme apprendre sonne la plupart du temps comme une corvée, au même titre que le travail d'ailleurs. Toute l'éducation qui entoure un gamin et l'influence au quotidien définit le terme « apprendre » comme un devoir et non comme un plaisir. Alors qu'il n'y a rien de plus agréable que de découvrir et assimiler de la connaissance… Mais les valeurs ont été détournées, inversées et dissoutes dans un océan de bêtise et donc d'ignorance ! Pourquoi la connaissance est-elle à ce point taboue et mise de côté dans les médias ? Parce qu'elle dérange ! Sans oublier de préciser un détail d'une grande importance qui est qu'une information non officielle est automatiquement rejetée par les médias et donc par ricochet, le grand public qualifiera cette information comme fausse. Beaucoup de sujets engendrent une grande gêne ; comme dire à une personne atteinte d'un cancer qu'il lui serait préférable de faire appel à des soins alternatifs, autres que le circuit traditionnel qui coûte une fortune et nous remplit d'effets secondaires. Il va être difficile également d'émettre l'hypothèse à un religieux qu'il n'y a pas forcément de barbu à idolâtrer dans le ciel qui surveille nos faits et gestes. Ou encore de dire à un athée qu'il est important d'avoir une relation spirituelle avec soi-même…

Apporter ces sujets sur la table ne pousse malheureusement pas à la réflexion, mais à la discorde. Ces sujets de discussion se font le plus souvent uniquement dans un entourage très proche. Il ne faut pas outrer les gens, il ne faut pas les vexer, etc. Donc, pour éviter toute discussion gênante – comme en politique avec l'extrême droite par exemple – on va plutôt parler de la météo, des séries Netflix, dire que sa famille va bien et que ça ferait plaisir de se faire une bouffe… blablabla…

Bref, ce qu'il faut savoir, c'est que parler de connaissance, sur l'Homme, sur la vie, avec quelqu'un, c'est parler avec son soi intérieur et le sien, c'est parler d'âme à âme. Toute de suite, on rentre dans une espèce d'intimité qui peut devenir gênante, où seule la vérité compte ! Dans ces rapports-là, il n'est plus question de faire semblant ni de faire en sorte de charmer son interlocuteur. Ce n'est plus M. Dupont qui parle à Mme Chambier, mais un Homme et une Femme, qui communiquent avec « profondeur », cette profondeur en question est un couloir qui mène à la spiritualité. Informer et faire comprendre des choses essentielles à une personne, de nos jours, c'est l'aider. Et encore là, on parlera d'une relation qui ne peut être produite qu'en dehors du travail ou d'un quelconque intérêt personnel...

Il est impératif que tout le monde comprenne, qu'il ne faille pas discréditer quelqu'un qui exprime un discours différent de l'officiel. Discutons pour comprendre le point de vue ! C'est l'essentiel d'un débat, quand il est sain. C'est chercher la vérité, quel intérêt y-a-t-il à être gêné, indifférent ou hostile à l'égard d'une personne qui vous dit des choses comme par exemple :

• S'intéresser à son corps, aux aliments et à leurs vertus vous restreint automatiquement à acheter des produits trop industrialisés ou de consommer des médocs. Ces connaissances permettent d'instaurer dans sa vie quotidienne un savoir qui pourrait garantir à la personne une bonne santé physique et mentale.

• S'intéresser à la psychologie, à la philosophie et à la spiritualité – car je pense que ces trois domaines sont liés et complémentaires – nous permettent d'accroître notre vision du monde, d'être plus vertueux et surtout de découvrir qui nous sommes vraiment.

• S'intéresser à ces deux premiers points, c'est prendre conscience que tout ce qui nous entoure n'est qu'énergie, y compris nous. Que l'amour n'est pas qu'une énergie qui nous rend heureux, mais qu'elle est aussi un pouvoir de création incroyable. Ressentir les énergies qui nous entourent, nous le faisons quotidiennement sans nous en rendre compte ; l'intuition nous la traduit.

• S'intéresser à l'Histoire, la vraie, celle qu'on découvre grâce à des gens courageux qui vont sur le terrain et nous montrent des choses impensables qui ont été faites il y a des milliers d'années.

L'Histoire nous permet de nous inspirer des grands Hommes qui ont foulé cette terre auparavant, les découvrir et les connaître est un honneur. L'histoire nous apprend aussi à ne pas reproduire les mêmes erreurs. L'Histoire comme le reste consiste à n'être qu'un enrichissement !

• S'intéresser résolument à la vraie science de l'Homme et de la vie nous permet de devenir des êtres accomplis. Faire de cette science du visible et de l'invisible notre compagne pour y découvrir ses secrets afin de mieux nous cerner et nous épanouir.

Le problème, c'est qu'au même titre que l'amour, le sens du mot connaissance ne veut plus rien dire et n'a malheureusement plus d'importance dans l'objectif de réussite d'un Homme. Pourquoi dissimulons-nous cette connaissance bénéfique à tous ? Pourquoi personne ne s'y intéresse ?

La Connaissance est un puzzle qui permet, une fois terminé, de mieux comprendre ce que l'on est et tout ce qui nous entoure, comprendre la nature de notre monde dans sa globalité, d'un point de vue physique et spirituel. Ce que j'essaie de vous faire comprendre, c'est que l'on se focalise sur des choses futiles au quotidien. Je vous parle de tout ça en observant les sujets de discussion des gens... D'une certaine manière, ça fait peur, mais c'est excusable, car les gens sont mal guidés et leurs préoccupations se trouvent ailleurs. Ceux qui ne sont pas excusables, ce sont ceux qui travaillent pour l'Éducation nationale. Là où l'on apprend des choses intéressantes. Même constat sur les informations « officielles ». N'y a-t-il vraiment pas des choses plus importantes à transmettre à « la masse » ? Il y a tellement d'informations importantes à connaitre... Mais ils sont plus préoccupés à nous faire part de toute cette violence qui règne au sein de notre si belle société. À l'image des publicités qui commercialisent la malbouffe et la consommation de médicaments... Où est la logique ? Le font-ils pour notre bien ou pour celui de leurs comptes en banque ?

La science ne devrait pas nous permettre de nous soigner à l'aide de substances chimiques, mais à l'aide de substances naturelles. La nature nous met à disposition absolument tous les ingrédients nécessaires pour nous soigner et nous maintenir en bonne santé. Et que nous puissions d'autant plus accompagner ces soins par des vibrations positives (en méditant par exemple), ou de faire un jeûne adapté à la problématique de l'individu.

Le problème dans ces sciences officieuses, c'est qu'elles ne rapportent rien aux grosses sociétés... aux lobbies. L'argent est au cœur de toutes nos problématiques. Tant que cet outil sera là, il nous sera difficile de les résoudre. Il nous faut, dans le meilleur des cas, passer par une éducation structurée et saine pour redonner l'envie aux jeunes d'apprendre des choses.

Assimiler de la connaissance et la partager : un processus d'évolution tout à fait classique, naturel et nécessaire pour atteindre l'harmonie. Des rivières d'amour et des fleuves de connaissance évoluant dans l'harmonie d'un océan. Et non pour former un lac d'ignorance stagnant pour moisir ou s'assécher au fil du temps, s'efforçant d'être ravitaillé par des pluies de bêtise. Je vais encore le répéter, mais nous sommes des êtres humains ! Il serait préférable de se comporter en tant que tels ! En tant qu'espèce développée ; douée de tout type d'intelligence, non pas pour fabriquer des iPads et des voitures toujours plus performantes, mais pour faire en sorte que notre système de vie le soit ! Comment est-ce possible qu'il y ait au même moment sur terre une technologie hyper développée avec des processeurs sophistiqués, que l'Homme ne cesse de vouloir améliorer, alors que des dizaines de milliers d'enfants meurent de faim chaque jour ; alors que l'on détruit notre écosystème au point d'arriver à former des continents de déchets plastiques en plein milieu de nos océans ; que l'on se fait la guerre, que l'on se choppe des maladies sorties de nulle part, etc., etc. ? C'est une folie d'avoir réussi l'exploit d'en arriver là ! D'avoir réussi à atteindre le comble du paradoxe ; rendre les humains inhumains...

Est-ce que cela vous donne bonne conscience de vous dire que les choses vont s'améliorer en votant pour tel ou tel candidat avide de pouvoir ? Est-ce que cela vous donne bonne conscience, de vous dire que c'est à cause d'une race ou d'une personne ou je ne sais quoi d'autre encore comme absurdité pour expliquer que nous en sommes arrivés là ?

Cette société n'est qu'un immense bazar où chacun désigne son coupable du doigt et argumente pour faire comprendre à son voisin que c'est lui le problème. Les gens ont tendance à oublier des faits incontournables, comme le fait d'être tous des êtres humains et d'être tous logiquement égaux ! Il ne suffit pas de le savoir, il faut en être conscient, il est donc de notre devoir de se responsabiliser et de se remettre activement en question en se serrant les coudes et non les poings. Ce n'est pas en pointant du doigt telle chose ou telle personne ou telle communauté que notre avenir et celui de nos enfants ira en s'améliorant ! Il faut se cultiver !

Rémi Belleau a dit « qui manque de connaissance est sans cesse à la merci du changement. ». Évidemment beaucoup seraient susceptibles de lire ces pages sans que ça ne leur fasse le moindre effet, continuant leur vie telle qu'elle était. Par contre, je serais ravi de faire réfléchir ou faire prendre conscience à certains qu'il y a des priorités, autres que ce qu'ils pensaient. Bien sûr, tu ne pourras pas changer grand-chose à ton échelle, mais peut-être vivre autrement ton quotidien au fil des jours, sans tout chambouler du jour au lendemain, mais peut-être y aller progressivement et partager cette philosophie aux autres et surtout à tes enfants. On peut faire évoluer les choses chacun à son niveau et ça commence le jour où on le décide. Le seul but étant que l'humanité vive mieux ! Je pars du principe qu'un Homme peut donner envie à d'autres, qu'une ville peut donner envie à d'autres, un pays et ainsi de suite, jusqu'à un changement radical et total de nos consciences et de notre monde. Ce qui nous permettrait aussi de faire cette distinction entre le bien et le mal que personne n'arrive décidément à comprendre. Parce que tout le monde parle des jeunes qui ne feraient plus cette distinction-là, où la cause serait les jeux vidéo, les réseaux sociaux… C'est vouloir noyer le poisson dans l'eau. Il serait temps d'éviter les blessures au lieu de vouloir y mettre des pansements… Et si nous allions résoudre les problèmes à leur racine ? Et si nous nous intéressions à l'Homme et non aux divertissements ? Et si nous nous intéressions à l'amour et non à l'argent ?

CHAPITRE 6 : VIOLENCE ET MALADIE

John Fitzgerald Kennedy a dit « Nos problèmes ont été créés par l'homme et nous pouvons donc les résoudre. Nos possibilités ne connaissent pas de limites. Aucun problème humain ne va au-delà de nos capacités ».

Pour commencer ce sujet palpitant, partons de la base. La majorité des gens pense que l'être humain est mauvais de nature, que c'est dans son ADN. Et qui dit mauvais, dit violent, égoïste, compétitif, etc. L'Homme naîtrait avec tous les défauts possibles et envisageables.

L'être humain est tout de même fascinant.

Tout le monde se rend plus ou moins compte qu'une grande majorité fout la merde à travers le monde, tout type de violence confondu, et les gens vont en déduire que l'Homme serait tout simplement mauvais de nature. Pourquoi chercher plus loin ? Pourquoi y aurait-il d'autres facteurs démontrant toute cette violence à travers le monde ?

Non parce que si c'était vraiment le cas, que l'Homme serait une espèce naturellement néfaste, je peux affirmer sans réflexion profonde que le plaisir de vivre serait tout bonnement inexistant ! Ça serait littéralement la loi de la jungle ! La violence, peu importe la forme, serait quelque chose de banal qui rentrerait dans les mœurs des gens, en d'autres termes elle ne nous étonnerait même pas – une tarte dans la frimousse ou une insulte serait quelque chose de limite « mignon » – et ne serait pas choquante. Alors que si, elle l'est et le sera encore et toujours. Notre monde serait bien pire que ce qu'il est à présent, soyez-en sûrs… Car on serait tous plus à l'image d'un lion, que d'une brebis. La violence serait omniprésente, ce qui n'est absolument pas le cas… Le vice à tous les coins de rue et surtout, on y prendrait logiquement du plaisir.

Non, ceci est grotesque, mais pour ceux qui pensent que l'Homme est un loup pour l'Homme, vous faites erreur. L'être humain est un être social qui ne peut vivre seul, tout le monde le sait ; et qui dit être social, dit être qui a envie d'interagir avec d'autres êtres vivants et donc son envie d'interagir l'oblige à ne pas dire bonjour avec un coup de poing, mais avec un sourire. C'est notre société qui rend les gens mauvais et ça, par contre c'est factuel ! Notre société est une belle représentation du pouvoir de l'argent et de la puissance illimitée que représente la bêtise. Il existe juste une poignée de gens qui sont foncièrement mauvais, mais ce n'est malheureusement pas de leur faute. Ils sont juste mal guidés, mal influencé et aussi ignares de la beauté que représente l'Homme, ignares de la beauté qu'ils pourraient eux-mêmes représenter. Il est évident que ces gens ont grandi dans un environnement non vertueux.

Il n'y a que l'argent et la bêtise dus à une cruelle ignorance qui font en sorte que les gens soient poussés au vice. C'est le désir insaisissable de faire de l'argent, peu importe les moyens employés. Faire du mal, ce n'est pas normal ! Tout être humain ayant reçu une éducation basée sur l'amour et la connaissance autrement dit ayant reçu une éducation optimale, ne peut devenir néfaste !

Si, dès le plus jeune âge, on nous racontait à l'école que l'Homme est un être lumineux fait d'amour, capable de faire plein de choses extraordinaires et magnifiques, tout changerait en un rien de temps ! Mais au lieu de ça, on préfère nous parler des guerres mondiales, des différents PIB des pays et de plein d'autres informations futiles et totalement inintéressantes.

Le pire, c'est qu'à l'école, les professeurs ne se limitent pas à nous inculquer des informations inutiles, mais certains se permettent aussi de dire à ceux qui ont de mauvais résultats que ce sont des « cancres », des « bons à rien » – instaurant une perte de confiance marquée – et de dire à ceux qui en ont des bons, qu'ils sont « intelligents », nourrissant ainsi leur ego et leur mépris pour les « cancres »... C'est ainsi que l'école arrive à mettre des barrières sociales entre les jeunes.

Il est important de savoir que si on répète sans cesse à un enfant qu'il est mauvais, il finit par y croire et le devient ! C'est un scandale qu'un prof ou un parent puisse rabaisser un enfant. Ils ne se rendent pas compte de l'impact engendré sur son être, du mal que ça génère. Je ne cesserai jamais de dire ce genre de choses, mais l'Homme est une beauté de la nature et beaucoup le démontrent au quotidien, malgré cette société cancéreuse qui nous tue à petit feu !

Jean-Jacques Rousseau a dit « L'homme est naturellement bon et c'est la société qui le déprave » je crois que Jean-Jacques avait tout dit... Ne serait-ce que de faire cette petite comparaison avec les chiens. Pourquoi pouvons-nous faire devenir un même chien adorable et câlin comme complètement agressif et violent ? Comme pour l'être humain, la différence va se faire au niveau de l'éducation.

Du coup, si on part sur cette vérité absolue : que l'Homme est un être bon de nature... D'où vient le fait qu'autant de violence nous entoure, à savoir : violence sur notre corps et celui des autres, violence sur notre esprit et celui des autres, violence sur la faune et la flore ?

En ce qui concerne la violence physique, celle qui te frappe, te poignarde ou autre. C'est celle qui fait le plus peur, car c'est la plus spectaculaire et c'est la seule qui dans les cas les plus extrêmes peut véritablement te tuer directement.

En ce qui concerne la violence psychique, celle qui fait sûrement le plus de ravages, car plus dissimulée et plus profonde. Une violence qui peut être sournoise, stressante, intimidante, etc. Dans les cas les plus extrêmes, elle peut plonger les gens dans des pensées suicidaires ou meurtrières.

Quant à la violence sur soi, qui est la plus répandue, car elle concerne peut-être toute l'humanité… elle est à l'image de tout cet alcool, cette fumée, cette malbouffe, cette pollution, ces pensées négatives, etc., qu'on assimile en nous, sans oublier la culpabilité qui nous fait du mal quand on entre dans les extrêmes…

Ces trois types de violences font partie de notre beau quotidien. On remarquera que toutes ces conséquences ont bien évidemment toutes les mêmes causes. À savoir l'argent qui crée cette ignorance. Je le rabâche souvent, mais c'est nécessaire, car par exemple vendre du tabac ou de l'alcool devrait être interdit, mais ça rapporte de l'argent… Si on avait la connaissance appropriée, ça n'existerait même pas. Et dans chaque domaine, on peut reproduire le même schéma ; c'est nuisible, mais ça rapporte de l'argent donc on le fait quand même. La violence ? C'est nuisible – bien évidemment – mais ça rapporte de l'argent… Si on possédait tous cette connaissance qui nous rapproche les uns des autres et de soi-même, ces choses n'existeraient tout simplement pas, la violence y compris...

Connaître la nature de l'Homme, c'est se connaître soi-même, savoir qui nous sommes et connaître le chemin approprié vers la prospérité. Car être conscient de ce qu'on représente, c'est aller vers des chemins vertueux, à l'opposé de la violence et de la souffrance et donc du profit au détriment d'autrui.

Toute cette inhumanité sociétale se passe dès ton réveil forcé du matin, en allant à ton travail forcé (pour gagner de l'argent) où tu peux croiser un mec qui voudra te dire bonjour (ou voudra ton argent) puis au travail, ton patron va te mettre la pression, car il voudra plus de productivité (d'argent), puis ensuite, il te faut refaire le même trajet dans le sens inverse, avec les mêmes potentiels dangers. Sans oublier de trouver le sommeil avec tous les soucis qui te ronge, car le lendemain, rebelote. Une vie extraordinairement belle et naturelle ! Sans l'ombre d'un doute ! Et tout ça, sans mentionner des poids supplémentaires sur les épaules tel que d'éduquer tes enfants, « combattre » une maladie, vivre avec un handicap, etc.

Tout ça pour dire que les crimes, les pressions psychologiques, le stress, et l'autodestruction sont tous principalement dus à l'argent et pour ce qui est du reste, c'est une éducation foireuse due à un manque de connaissance, qui en est la cause. Dans un monde sans argent, il n'y aurait pas cette nécessité de se montrer violent. On comprendrait l'importance de l'épanouissement individuel pour renforcer notre collectivité. Je vous invite vraiment à méditer un peu sur cette pensée, pardon, sur cette réalité !

L'énorme majorité des gens se réveille le matin avec l'envie de posséder des richesses et après on va s'étonner de vivre dans un monde d'insécurité ? Parce que, soyons concrets, qu'est-ce qu'on est en train de faire ?

S'il y avait une manière d'anéantir toute la splendeur que représente l'Homme, d'empoisonner notre belle planète avec cette économie toujours plus productive et ridicule, de mettre l'humain au rang de pauvres consommateurs dépressifs attendant les vacances pour faire semblant d'être heureux sur un transat (le bronzage, les lunettes de soleil et les bijoux en guise d'accomplissement de vie), on ne s'y prendrait pas mieux ! Ce n'est pas ma vision qui est utopique, mais bien ce monde qui est dystopique !

On fait quoi du coup, on continue comme ça ? On laisse le temps et la bêtise résoudre les problèmes par un grand chaos mondial ? C'est ce qui va arriver de toute manière, on est bien trop stupide. C'est un monde matériel en pleine expansion – au même titre que la

violence – et un monde spirituel en pleine dépression –
au même titre que l'amour –.

Vivre dans une société faite d'économie sans la
moindre violence où tout le monde il est beau, tout le
monde il est gentil, là, c'est impossible, car l'amour et
l'argent c'est comme l'eau et l'huile, ça ne se mélange
pas, ce n'est pas du tout compatible. L'argent est source
de division et donc de violence, point.

Du coup, ma conclusion sur le sujet est simple : le
Mal dans sa globalité serait complètement éradiqué si
nous pouvions faire l'effort de vivre collectivement dans
un monde sans argent où la science de la vie, qui
implique une compréhension globale de l'Homme,
serait notre intérêt commun et notre pilier central.
Toute cette inhumanité courante, quotidienne et
mondiale comme : ces viols, meurtres, suicides ou
autres, qui coexistent parmi nous sans la moindre gêne
et qui dépeignent notre société, représentent des faits
divers qui n'ont plus le moindre impact dans notre
cœur ; tout le monde s'en fiche et c'est catastrophique !
« Tant que ma famille va bien, tout va bien », mais non !
Tant que tu n'es pas touché personnellement par ce
monde qui va mal, tu vas bien. C'est ça la blague !

En même temps, comment en vouloir aux gens qui
pensent comme ça ; c'est déjà bien de veiller sur sa
famille, et à vrai dire, c'est le minimum. Ils sont malins
les mecs quand même… On est bien divisé dans la peur

de l'autre, et dans l'obligation de devoir subvenir à nos besoins et à ceux de nos proches. On n'a ni le temps ni l'envie de se consacrer aux autres. Comment voulez-vous qu'on s'en sorte ainsi ? La peur de telle ou telle chose dans notre présent ou dans notre futur nous envahit tous.

Donc oui, forcément, penser à un monde sans argent au beau milieu de toute cette mascarade actuelle, ça reste bien entendu inimaginable. Jusqu'au jour où les gens se rendront compte qu'on ne résoudra aucun problème tant qu'il faudra payer pour survivre, tant que la vie sera un combat, tant que la « belle vie » sera un privilège.

Ils sont tellement malins qu'ils osent nous faire croire que notre droit de vivre divin se résume à une acceptation de toutes les règles sans négociation, sous peine d'emprisonnement, d'une vie misérable ou de mort. Et comme si cela ne suffisait pas, on t'impose une éducation et la manière dont tu dois te comporter. Merci les copains, mais si tu me parles des conditions de toute cette mascarade qui m'attend avant ma naissance, c'est simple, je ne signe pas !

Si on me donne l'opportunité de vivre une vie, qu'elle soit naturelle ! Que le bonheur ne soit pas un parcours du combattant ! Que notre société mène l'Homme vers une évolution croissante de son plein potentiel, au lieu de le faire travailler laborieusement toute sa vie dans le seul but de pouvoir survivre (manger, dormir) et d'atteindre sa pleine retraite à un âge qui de toute manière n'égalera pas la productivité d'un jeune de trente ans. La retraite est vue comme une récompense, la fin d'une vie de travail accomplie avec courage et dignité, alors qu'en fait le monde de l'industrie n'a plus besoin de toi... Le retraité n'est qu'un fardeau remercié. En grâce à tout ce merdier, tu finiras en EHPAD, seul et abandonné !

Qu'en est-il de cet autre grand problème majeur qui nous plombe durant notre existence, au grand bonheur des lobbies pharmaceutiques et autres ? Au risque de déplaire à quasiment tout le monde, je reste convaincu que tomber malade n'est pas quelque chose de normal, que les maladies ne tombent pas du ciel, à part certaines peut-être. Les maladies représentent un dysfonctionnement dû à une mauvaise gestion de notre être et de notre environnement, et d'un manque énorme de connaissance. Pour la plus grande majorité des gens, les maladies sont un manque de chance... pour d'autres, on naîtrait tous avec des failles. Certains affirmeraient même qu'on naîtrait tous avec un cancer, le tout serait de ne pas le développer... Je pense, et cela reste mon humble avis, que tout ceci n'est que mensonge ! « Des chercheurs de l'université de Manchester ont conclu que le cancer est une épidémie créée par l'homme purement moderne », ce n'est pas moi qui le dis... !

Chaque conséquence a forcément sa cause. Une explosion ne se déclenchera jamais seule, il faut forcément quelque chose pour la produire, et c'est valable à mon sens pour toutes choses. Métaphoriquement, je partirai donc du principe qu'une maladie est une explosion dans le corps qui possède forcément son déclencheur, elle ne peut pas se produire seule. Évidemment, plus on vieillit, plus le corps se fragilise et plus il est vulnérable aux explosions.

On ose nous faire croire que tout va bien puisque l'Homme vit plus longtemps… quelle escroquerie !

Il y a deux cents ans, certes, ils vivaient moins longtemps, mais… possédaient-ils la connaissance nécessaire pour maintenir leur corps et leur esprit en bonne santé ? Je ne pense pas !

De plus, et c'est là que ça devient drôle d'entendre ce genre d'argument, car à l'époque :

• Y avait-il toute cette malbouffe industrielle, chimique et cancérigène ?

• Y avait-il toute cette masse de pollution industrielle, chimique et cancérigène ?

• Y avait-il la même intensité de pensées négatives, telle que la peur, le stress, l'anxiété, la tristesse, etc., qui peuvent être source de violence et/ou cancérigène ?

• Y avait-il cette solitude non désirée de plus en plus prenante et cette indifférence de plus en plus présente qui sont source de mal-être ?

• Y avait-il toutes ces machines et outils du quotidien de plus en plus dangereux, tels que les engins de locomotion qui mènent à des accidents graves ou à la mort, et peuvent ruiner des familles entières pour simplement aller plus vite d'un point A à un point B ?

Non, il n'y avait pas tous ces conflits que notre corps doit gérer au quotidien. Donc, si on vit plus longtemps, c'est dû à d'autres raisons, mais vous n'allez certainement pas me faire croire que notre société est plus « saine », s'il vous plaît…

Il sera aussi question de bases solides, de degrés de vulnérabilité face aux maladies. Encore une chose dont les gens ne se soucient pas du tout et devaient encore moins se soucier à l'époque… C'est le côté génétique.

Je vais prendre exprès deux extrêmes : en admettant que deux parents en parfaite santé physique et mentale, c'est-à-dire des parents faisant du sport, évitant le stress et les problèmes qui entourent notre quotidien urbain, qui s'alimentent de produits sains, buvant de l'eau structurée, évitant au maximum le sucre et le sel, habitant proche de la nature, loin de tout type de pollution. L'enfant que ces parents-là feront aura forcément des bases très solides, celles de ses parents, et sera par conséquent moins affecté par d'éventuelles maladies, car le corps en sera plus robuste ! Il aura une immunité plus forte.

À l'inverse, deux parents habitants en pleine agglomération, mangeant uniquement des produits industriels, buvant l'eau du robinet et de l'alcool, fumant du tabac, accompagné d'un stress quotidien, respirant le bon air pollué, etc. Eux seront assujettis à de multiples maladies potentielles, et s'ils font un enfant, celui-ci aura de très mauvaises bases pour démarrer sa vie.

Ce que je dis peut vous paraître surprenant, mais n'y trouvez-vous pas une certaine logique ? Que n'importe quel individu exposé à cet air dénaturé, à cette très mauvaise alimentation, aux pollutions mentales et énergétiques comme le stress, la colère, la solitude, les angoisses, etc. sera fortement plus exposé aux maladies ? Le corps fait un travail permanent qui consiste à mettre tout en œuvre pour instaurer un équilibre dans son organisme. C'est là où la connaissance rentre en jeu ! C'est là, où réside la nécessité de comprendre comment fonctionne le corps humain et de prendre conscience qu'avec une certaine hygiène de vie, on peut l'aider à construire cet équilibre. C'est mathématique. Si je rabâche sans arrêt le mot connaissance, c'est essentiellement pour ces raisons-là. Dans mon exemple, le premier couple s'intéresse à la connaissance, le deuxième la néglige.

C'est quelque chose de factuel, la connaissance de la vie, de notre être et le respect de ce dernier nous empêche à 99 % de tomber malade. Je ne dis pas non plus que c'est facile, mais au lieu de regarder les anges de la télé-réalité, le football ou les experts de l'ignorance aux infos... Renseignez-vous ! Votre vie, votre âme et celles de vos enfants en dépendent !

Je voudrais faire une parenthèse sur quelque chose de très important, mais cela risque d'être encore plus dur à concevoir. C'est la capacité qu'ont les émotions à agir, à la fois sur nous-mêmes, mais aussi sur l'individu sur lequel on porte une totale attention. Le corps humain est composé à 80 % d'eau en moyenne, ça tout le monde le sait. Les émotions comme l'amour et la colère agissent de manière à ce que l'amour guérisse et la colère abîme les cellules du corps, ça tout le monde ne le sait pas. C'est au même titre que le stress qui a un impact énorme sur notre organisme. Je sais qu'on dirait de la science-fiction, mais je vous recommande aussi de vous renseigner sur cet incroyable pouvoir que possède l'eau, qui détient des capacités extraordinaires ! À titre d'information, j'ai un bel exemple à donner qui témoigne aussi de ce que j'ai dit auparavant. L'un des meilleurs boulanger français, utilise de l'eau structurée pour son pain à l'aide d'une fontaine qui fait tourbillonner l'eau et la restructure à l'échelle moléculaire pour lui donner sûrement plus de goût, mais surtout plus de vertus.

Dans notre société moderne, il est devenu très banal d'avoir des problèmes au point que chaque individu en ait. Est-ce normal ? Bien sûr que non, et penser l'inverse est absurde, que ça soit des problèmes d'argent, de santé, de travail, sociaux ou bien d'autres. Une fois de plus, vous remarquerez que ces problèmes sont liés directement ou indirectement à l'argent et à la connaissance. Savoir, c'est faire, mais c'est aussi éviter. La logique voudrait, que dis-je, la nature voudrait que les seuls problèmes qu'une civilisation devrait rencontrer seraient des problèmes liés à une réflexion profonde, une interrogation subtile, un obstacle à franchir vers l'ascension. Aller toujours plus loin et faire toujours mieux, pour le bien de tous ! Et je parle de tout ce qui est immatériel.

Je voudrais revenir sur le sujet de l'alimentation qui a la particularité d'être un besoin naturel et d'être souvent à l'origine des problèmes de santé. Il est très intéressant de savoir que si on ne s'alimente pas on meurt, et si elle est calculée, on peut guérir de nos maladies, même les plus mortelles. Si on s'alimente trop et/ou mal on peut tomber grièvement malade, voire mourir. Pourquoi une chose aussi miraculeuse d'un point de vue régénérescence ou dégénérescence n'est-elle pas enseignée à l'école, par nos parents ou par nos grands médias ? Et surtout, pourquoi tout le monde s'en fout ? Je vous le donne en mille : L'école ne s'occupe pas des jeunes pour leur donner toutes les clefs en main, mais de l'économie pour garantir une continuité de productivité, c'est pour cela qu'il nous prépare uniquement à la vie professionnelle, et donc les sujets importants ou existentiels, on les oublie.

Les parents ont été jeunes aussi et n'ont pas reçu la connaissance appropriée pour pouvoir la retransmettre à leurs enfants et on ne leur donne ni le temps ni l'opportunité de le faire. Tandis que nos médias, qui sont de puissant intermédiaire à l'information, sont sans doute orientés au bon vouloir de leurs propriétaires milliardaires qui n'ont que faire de relayer des informations primordiales. Il faudrait commencer par revoir nos priorités… Ils n'ont qu'un seul but pour nous, qu'on travaille et qu'on consomme, car si l'école et les médias nous diffusaient de la « vraie » connaissance, vous pensez bien qu'il y aurait beaucoup de choses qu'on arrêterait de consommer, du coup on tomberait moins malade, et par conséquence, on ferait perdre des milliards aux multinationaux et aux lobbies.

Malheureusement, on ne s'intéresse qu'aux choses auxquelles on apporte de la valeur… Dans ce cas, apportons de la valeur à la nutrition et à notre corps par exemple, c'est tout de même important et c'est surtout la base… C'est le peuple qui travaille pour ceux qui prennent les décisions à notre place, c'est donc au peuple de se réveiller et de se rendre compte qu'au-delà de leur petite vie confortable se cache un pouvoir, le pouvoir de procurer une meilleure vie à l'espèce humaine, aux êtres vivants, et à la Terre elle-même. Mais bon, encore une fois, mesdames et messieurs, retirons l'argent, en premier lieu, de notre vie et la plupart des problèmes s'en iront comme par magie.

Nombreux sont les grands hommes, ayant été toute leur vie, végétariens, que ce soit des présidents (Bill Clinton), des acteurs (Léonardo Di Caprio), scientifiques (Albert Einstein), des athlètes de haut niveau (Carl Lewis), des philosophes (Krishnamurti) et plein d'autres grands noms encore. Tous ces gens le sont, car ils reconnaissent les bienfaits et l'importance d'une alimentation saine d'un point de vue santé et spirituelle ! Ils reconnaissent qu'on peut vivre très bien, sans avoir à industrialiser la faune. Je ne dis pas qu'il faut à tout prix s'interdire de consommer de la viande, mais la freiner un maximum et surtout y privilégier la qualité comme pour tout le reste d'ailleurs, car une bonne côte de bœuf, c'est quand même délicieux… avec le respect qui s'impose à l'animal bien sûr, cela reste tout de même des êtres vivants, tâchons de ne pas l'oublier.

Regardez le nombre de végétaux, champignons, légumes, fruits et graines différentes ? Connaître et répertorier chaque bienfait que procure chacun de ces aliments, les combiner entre eux pour amplifier le processus d'assimilation du fer grâce à l'acide ascorbique L (la vraie vitamine C, pas cette chose à l'orange qu'on retrouve en pharmacie). Sans oublier le jeûne, qu'il soit classique, à mi-temps ou par alternance. Le principal, c'est de faire en sorte que son métabolisme se repose de temps en temps. « Trois repas par jour sont essentiels pour la santé », ah oui ? Et on le laisse respirer quand notre bon vieux corps ? Le jeûne est efficace, car quand le corps n'est pas préoccupé par la digestion des aliments, il se préoccupe de ce qu'il ne va pas… du nettoyage de nos cellules mortes par exemple.

Encore une fois, tomber malade n'est pas quelque chose de normal ! Il est essentiel pour nous de connaître tout ce qui pourrait optimiser cette reproduction parfaite de la nature qu'est le corps humain. Ça rendrait service a pas mal de gens…

CHAPITRE 7 : RELIGION ET SPIRITUALITÉ

Mahatma Gandhi a dit « En réalité, il existe autant de religions que d'individus ».

Je ne voulais pas en parler, car c'est un sujet sensible, et tant qu'il reste dans la sphère privée, cela ne pose normalement aucun problème. Mais je tiens quand même à le faire, car le sujet a son importance dans la construction d'un être. La religion représente une base dans l'esprit de certains hommes et son interprétation est souvent bancale.

Pour commencer, je tiens aussi à préciser que je respecte toutes les religions sans exception, même si je n'en suis pas fan, et ce que je vais dire n'engage que moi, bien que je sois resté toute mon enfance dans une école catholique, je ne suis en aucun cas, un religieux. Je possède une certaine forme de spiritualité, et je suis convaincu que le hasard n'a absolument pas sa place dans l'univers, la nature est bien trop parfaite. S'il m'arrive de croire en un dieu, je l'appelle pour ma part la source ou dame nature, mais à vrai dire, peu importe. Comme les autres sujets, je ne vais pas vraiment rentrer dans les détails, car selon moi l'essentiel ne s'y trouve pas, mais juste rester à sa surface pour mettre le point sur cet essentiel.

Les religions dans l'histoire humaine sont à l'origine de beaucoup de massacres. Et encore aujourd'hui, des gens meurent à cause de leurs croyances. Déjà là, c'est un immense paradoxe, parce que tuer quelqu'un, c'est déjà quelque chose d'inacceptable, mais alors le tuer au nom de sa foi... C'est juste infâme et en contradiction avec la base même de n'importe laquelle des religions ! Une personne religieuse devrait avoir une certaine forme de sagesse. C'est là où ça devient intéressant, et c'est là où la différence entre religion et spiritualité prend tout son sens. Beaucoup suivent une religion, mais ne sont en aucun cas spirituels, ce sont deux choses très différentes.

Comment peut-on penser une seule seconde que tuer quelqu'un ou ne serait-ce lui faire du mal – peu importe le prétexte d'ailleurs – va représenter une bonne action ? Une action vertueuse que l'on aura accomplie pour Dieu (ou quel que soit le nom qu'on lui donne), pour qu'il nous récompense... C'est complètement absurde ! Dans le genre, à ta mort, un ange te recevra et te dira : « C'est très bien jeune Obiwan, tu as accompli un acte prodigieux en allant tuer l'un de tes frères qui pensait simplement différemment de toi ». S'il y a un dieu ou un quelconque être suprême, toute forme de violence serait forcément bannie de ses recommandations, il n'y a pas débat ! Il est censé avoir créé l'Homme dans toutes ces versions, et pas juste certains, tous sans exception ; donc, par logique, il ne voudrait indubitablement pas qu'on se fasse du mal entre nous. Si on est ses fils, on est des frères et forcément, on se respecte, c'est le minimum requis, je pense. Sinon, il ne peut pas être un dieu d'amour, un dieu « positif », bien au contraire. C'est bien trop primitif de tuer un autre homme, c'est bien bas, qui d'autres que l'ignorance et la bêtise peuvent être à l'origine d'actions meurtrières pour sa foi ?

J'ai du mal à comprendre qu'il y ait autant de partis politiques que de religions différentes, ayant pour les deux, plein de recommandations différentes. Je pense que la moindre des choses serait de respecter toute forme de vie émanant de cette planète. Respecter, ce n'est pas quelque chose d'impossible, ce n'est pas non plus quelque chose de difficile, ni quelque chose qui s'adresse à certains et pas à d'autres ! Car c'est juste la base, le niveau zéro. Le respect, « bordel » ! Il faudrait mettre dans la tête des gens qui ne respectent pas les autres qu'ils sont ainsi les premiers à ne pas se respecter. Je citerai l'exemple d'une loi divine catholique bien connue. Les autres lois sont brillantes, mais celle-ci est selon moi la plus complexe à appliquer ! C'est une loi divine où tu sens que Dieu a réfléchi longuement... « tu ne tueras point » ou « tu ne commettras pas de meurtre ».

Je marque un temps pour vous laisser comprendre l'intérêt qu'a eu « notre Dieu » à transmettre cette évidence. Il n'y a pas un truc qui est louche dans cette loi ? Cette phrase est tellement absurde qu'il est impossible qu'un dieu l'ait prononcée. Tu ne tueras point, « merde » ! Me voilà bien embêté. Comme si tuer quelqu'un pouvait être quelque chose de tout à fait normal... Que tout le monde serait capable de faire avec aisance et régulièrement... Non, mais on marche sur la tête !

Et donc, comme ce n'est pas évident, une loi a dû être écrite à ce sujet en précisant qu'on ne doit pas le faire... car c'est mal ! J'ai l'impression que cette phrase est destinée aux gens dépourvus d'âmes ou d'intelligence, car tout le monde est conscient au fond de lui que tuer est bien entendu une mauvaise action – par les lois de la nature et les lois humaines – et qu'il ne faut pas le faire ; et faudrait-il en être capable ? Si encore, on devait tuer pour se nourrir, mais là aussi, les animaux ne se tuent pas entre eux pour le faire, il y a un écosystème, une régulation des espèces entre elles pour que la vie perdure.

Dans la phrase, « tu ne tueras point », s'agit-il des êtres humains ou des êtres vivants en général, pourtant même cela devient quelque chose d'absurde. Tuer un animal, si c'est pour se nourrir, je n'y verrai pas de problème, sauf peut-être dans le concept de santé qu'on a vu plus haut, mais la plupart des gens n'en sont pas capables, y compris moi. Pour les insectes, ne pas en tuer devient plus compliqué parce que même par accident, la chose peut se produire, et l'envie, voire même le plaisir de tuer un moustique qui vous pompe le sang et qui vous empêche de dormir en faisant de la trompette la nuit est tout à fait concevable. Il y a encore plus compliqué que les insectes et autres petites bestioles, c'est les bactéries qui sont aussi considérées comme des êtres vivants et donc là, ne pas en tuer devient tout simplement impossible… C'est juste pour vous dire que finalement, cette loi est grotesque. Tout ça pour dire que je pense que ces lois s'appliquent uniquement aux humains, et ainsi qu'il est stupide de préciser qu'il ne faut pas se tuer entre nous. D'autant plus que d'interdire une chose, pousse l'Homme dans son esprit de contradiction et son obstination à le faire quand même ! « Il est interdit d'ouvrir cette porte » et tout le monde sera curieux de savoir ce qui se cache derrière. À quoi bon ce genre de loi alors ?

Pour ma part, si Dieu a prononcé ces paroles, c'est qu'il doit bien mal nous considérer… Mais on sait tous que c'est impossible, venant du créateur… Si Dieu existe, il doit connaître l'Homme dans ses moindres recoins psychologiques, alors à quoi bon ?

Mahatma Gandhi a dit « En réalité, il existe autant de religions que d'individus » et je partage cette pensée, car chacun a sa propre vision et son ressenti de Dieu ; chacun a sa perception de ce qui l'entoure. Je pense que si la religion faisait vraiment partie intégrante de l'Homme, il ne pourrait en exister qu'une seule. C'est plutôt logique, ce n'est pas parce que tu habites au soleil que tu es différent de moi… ; ce serait une religion qui découlerait uniquement de l'amour, point barre. Il n'appartient à personne de nous dicter des lois à appliquer, un style de foi à employer. On possède, selon moi, toutes les réponses enfouies au plus profond de nous, on y retrouve toutes les vertus de « Dieu » ; elles sont dans notre cœur, dans notre esprit !

Les religions ne sont malheureusement pas les seules choses qui nous divisent en grand nombre, il y a aussi son petit frère, le communautarisme. Pareil, je ne rentrerais pas dans les détails, car cela ne m'intéresse absolument pas. Juste dire à quel point cela est néfaste pour celui qui se dit appartenir à une certaine communauté, blanc, noir, jaune, bleu, homme, femme, neutre, etc. Parce que, appartenir à une communauté, c'est être en conflit avec le reste du monde.

Il y en a qu'une seule communauté, humaine, et qu'une seule religion, celle de l'amour… le reste sont des concepts pour diviser les hommes, c'est une illusion.

Maintenant, parlons de la spiritualité. Que représente-t-elle pour vous, d'un point de vue individuel, et au sein de notre merveilleuse société moderne ? À vrai dire pas grand-chose, même s'il s'agit d'un domaine essentiel à l'Homme, elle reste ignorée par ce dernier, car ni l'école ni les parents font en sorte de l'inculquer aux enfants. Il y aura toujours cette fameuse phrase qui dit que si ça n'aide pas à avoir un travail ou que ça ne rapporte pas d'argent alors cela ne sert à rien.

On voit bien que l'argent détruit tous les piliers de l'Homme, et la spiritualité en fait partie. L'argent est une arme de destruction massive qui nous pousse au vice, prisonnier dans un esprit trop terre-à-terre.

Vous pouvez vous rendre compte que tout ce qui concerne la spiritualité, de près ou de loin, et tout ce qui concerne le bien-être humain est boycotté, voire tabou ! La spiritualité n'accompagne personne, sur aucun chemin menant à la réussite sociale et financière. On s'en moque, plutôt… Quand bien même la spiritualité nous fait respecter chaque être vivant y compris nous-même ! Un homme spirituel est un homme qui fait en sorte de maintenir son corps en bonne santé, son corps et son esprit en harmonie et en équilibre. Un domaine inutile sans l'ombre d'un doute… diraient certaines personnes !

Un homme spirituel est un Homme qui a foi en l'humanité, a de la compassion et fait en sorte d'aider les autres, en particulier ceux qu'il aime. Normal vous me direz ? Mais surtout, un homme spirituel ne peut faire de mal à un être vivant. Vous pensez que ceux qui arnaquent, mentent, manipulent, violentent, volent les autres, etc., ont une once de spiritualité ? La spiritualité nous fait surtout respecter qui nous sommes vraiment et si on se respecte, on respecte par la suite tout ce qui nous entoure… Elle ne s'adresse pas à ton identité, mais à ton âme. On s'aperçoit alors que l'on représente bien plus qu'un pauvre consommateur voulant profiter le plus possible de tout avant sa mort, car après, on nous a dit qu'il n'y avait plus rien. Je pense réellement que c'est une escroquerie civilisationnelle, une ignorance du domaine, amplifiée par l'aveuglement des religions. Cette dystopie a très certainement contribué à faire en sorte que l'argent puisse voir le jour et s'ancrer dans nos vies. La fourberie s'exclame quand ton seul souhait est de rencontrer le plaisir dès que l'envie s'en fait ressentir.

À quoi bon être une bonne personne, à quoi bon contribuer au bonheur du monde, à quoi bon s'élever spirituellement si le plus important pour les gens, c'est la prospérité de leur famille et de combler leurs plaisirs éphémères.

Pourtant, la spiritualité est très importante, car elle nous permet de comprendre qui nous sommes. C'est une rencontre intérieure avec soi-même, une discussion, une réflexion, une compréhension, pour découvrir qui l'on est réellement. Une compréhension qui consiste à s'élever, à devenir la meilleure version de nous-mêmes.

La réussite de nos jours consiste à gagner le plus possible d'argent, d'avoir tout ce que l'Homme désire dans le monde matériel. Alors que paradoxalement son vrai but est de réussir d'un point de vue spirituel. L'un nous permet de survivre en société, l'autre nous permet d'y être heureux. Toutes personnes devraient se poser ce genre de questions ; qui suis-je, qu'est-ce que je ressens, qu'est-ce que je désire vraiment ? Ça, c'est des questions d'Homme ! Pour cela, tu ne peux pas faire quelque chose comme regarder la télé, discuter ou faire tes courses, car tu ne ressentiras pas ta petite voix intérieure. Et je ne te parle pas de celle qui te fait hésiter à acheter du Nutella ou pas, on s'en tartine. Je te parle de te mettre au calme dans le silence, pour devenir attentif au présent. Une seule façon de faire, la bonne : méditer. Que vous le vouliez ou non, la spiritualité fait partie de nous, sinon c'est que tu n'as pas d'âme ! C'est le meilleur moyen de rentrer en « communication » avec toi-même, de littéralement ressentir des vibrations positives, d'être serein et de ne plus penser à rien. Juste tu écoutes... Quand tu es concentré, les chakras ouverts, cette petite voix est capable de répondrc à toutes nos questions.

Prenez-le comme vous voulez, commencez par essayer déjà, ça fait véritablement du bien, c'est excellent pour la santé physique comme psychique ! Puis, je ne connais aucune personne, célèbre ou lambda, exerçant la méditation sans bénéfice derrière, sans une certaine satisfaction à la clef. Discutez avec une personne qui médite et elle vous annoncera que cette activité est positive, personne ne vous affirmera l'inverse. Pourquoi ? C'est à vous de le découvrir par vous-même !

Maintenant, admettons que, (on va aller loin dans l'imaginaire) : si je vous dis que notre existence n'est qu'une expérience pour vivre des choses extraordinaires ensemble. Que l'Univers serait en réalité un immense terrain de jeu où nos âmes vagabonderaient dans des univers et des dimensions différents, suivant la vie qu'on aura menée. Que notre mémoire serait remise à zéro à chaque expérience pour nous permettre de découvrir et redécouvrir les choses à l'échelle humaine, comme les émotions, les sentiments, puis tout le reste, etc. Comment serait votre état d'esprit si on vous apprenait que votre âme est éternelle et que d'autres potentielles vies vous attendent ?

Je peux d'emblée vous assurer que tous vont y réfléchir à deux fois avant de faire du mal à quelqu'un ou à eux-mêmes. Il serait naturel que la condition pour profiter d'autres vies, soit au minimum de respecter celle qu'on vit actuellement, non ? Et c'est là où ça redevient intéressant. Car si dans ta tête, tu prends conscience que la vie n'est en fait qu'un jeu, où le but est de vibrer à travers tes expériences jusqu'à des fréquences d'extase, de pur bonheur, vivre dans une paix intérieure et extérieure (oui, ça fait rêver, je sais). Se rendre compte en définitive que plus j'en sais, plus je donne, et plus je suis équilibré dans ma tête et dans mon corps. Que tout ça m'amène à atteindre mon but, le but de tout Homme qui est de s'élever ; prospérer ensemble vers une harmonie totale entre nous avec la complicité de la faune et la flore. Si ce n'est pas le cas, indique-moi une autre raison de vivre que celle-ci.

Si les religions sont représentées par des lois, la spiritualité quant à elle, est représentée par les vertus naturelles qui émanent de nous et qu'on enrichit avec le temps. Nul besoin de livres sacrés pour comprendre que l'amour est essentiel (essence-ciel) ! Que la mort (l'âme hors/or) n'est que la fin d'une magnifique expérience qu'on aura eu la chance et l'immense privilège de vivre (déjà être immortel serait un enfer, alors dans ce monde…). Mais aussi et surtout le commencement d'une nouvelle… peut-être meilleure… existence.

Pourquoi des choses qui nous concernent tous comme la mort sont-elles si taboues ? Personne ne connaît la vérité en ce qui concerne l'au-delà, d'accord. Du coup, on se dit que la raison la plus « scientifique », la plus « réfléchie » et la plus « logique » serait de penser comme un athée et de se dire qu'après la mort, c'est le néant ? Le noir complet ? Ça fait froid dans le dos, non ? Vous arrivez à y penser au néant après votre mort ? Arrivez-vous au moins à imaginer que votre âme n'est plus ? Que toi, ton être, ce que tu représentes, n'est qu'un trou noir pour l'éternité… Non, mais on se fait du mal pour rien. Tu m'étonnes qu'on ait tous peur d'elle…

Parce que d'un point de vue scientifique – car il n'y a que ça de vrai il paraît… – on ne parlera que trop peu de tous ces témoins de NDE ou autres, patients comme médecins en réanimation. On n'écoutera pas tous ces grands philosophes (les vrais) nous parler de la vie, de l'Homme, de son but. On ne prendra pas conscience de la puissance du corps humain et de toute la nature à s'auto-régénérer, non. On ne parlera pas non plus de ce fameux nombre d'or qu'on retrouve absolument partout, à travers l'Homme, la faune, la flore, ce nombre d'or qui est le code de création de la nature, quelque chose d'hyper passionnant, mystérieux et important (nos parents nous en parlent-ils ? L'école peut-être ? Les médias ?). Non, non, non, personne sauf à faire tes propres recherches !

Puis de toute manière, je vais vous dire une chose, pour le bien-être de tous et de notre futur, n'est-il pas préférable de penser qu'on a plusieurs vies ? Pour réaliser qu'on a sûrement un rôle plus important à jouer que celui de vivre égoïstement en amassant le plus possible de biens. Des biens qu'on n'emporte jamais dans la mort ! Pour que l'amour retrouve sa grandeur et son intensité. Et au pire des cas, s'il s'avérait qu'on n'a qu'une seule vie, et bien on ne le saura jamais et ce n'est peut-être pas plus mal comme ça... (Sentez ce désarroi de penser à une vie unique, au néant qui nous attendrait patiemment...). Il est particulièrement ironique de constater que non seulement on nous convainc que l'on possède qu'une seule vie (du coup, porte ouverte à tous les vices), mais qu'en plus, on doit travailler pendant quasiment toute la durée de cette dernière pour pouvoir en profiter, un peu... Non, mais, c'est diabolique (le mot est lâché) ! Je ne vois pas d'autre mot. Les mecs sont malins quand même...

CHAPITRE 8 : LA POLITIQUE

Georges Pompidou a dit « passer sa vie dans
l'opposition est pour un homme politique
ce que serait pour un poète se condamner à lire
et à juger les vers des autres ».

Encore quelque chose de totalement grotesque et absurde, auquel personne ne fait vraiment attention. Être dirigé par des hommes complètement obnubilés par leur carrière ou leur poste et dont l'égocentrisme ne connaît pas de limite. Des individus montrant qu'ils sont tout sauf humains, des machines conditionnées à être avides de pouvoir avec une ambition vertigineuse, voulant uniquement grimper les échelons, peu importe la manière dont ils le font.

Notre éducation déplorable qui nous pousse à avoir le réflexe de nous soumettre à tout type d'autorité, à regarder l'uniforme plutôt que l'humain, nous rendant complètement aveugles face à leur humanité inexistante, c'est préférer le contenant au contenu, c'est la juste représentation de notre monde, peu importe la façon, dont le vase a été fabriqué, peu importe de savoir ce qu'il peut contenir, ce qui va être important c'est sa beauté, sa forme et sa couleur... Et c'est pareil pour tout. Durant toute notre vie, tout ce qui nous entoure sera basé sur un jugement d'après les apparences, car les premières infos qui nous viennent sont visuelles, donc l'esthétisme va être la seule chose à véritablement soigner comme avoir un beau magasin, de beaux produits, un beau physique, un beau CV, de beaux vêtements. On vit dans une société où il est nécessaire de mentir aux autres et à soi-même pour pouvoir être bien vu. Tout ça pour dire que la politique est devenue depuis un bout de temps semblable à de la téléréalité. Certains diront que c'est dur, ce qu'ils font, qu'est-ce que je ferais à leur place, ils ont tous fait de grandes études pour en arriver là, et patati et patata.

Du coup, c'est ça qui me pousse à écrire, c'est ce genre de bêtise flagrante ! Pourquoi tout accepter, et tout excuser sous prétexte qu'ils sont intouchables, puissants et diplômés ? ... L'atout principal en politique est d'être un bon communiquant, le paraître est à l'honneur et non l'être, ce dernier est devenu secondaire, il nous importe peu. Pourquoi sommes-nous tant hypnotisés par « qui ils sont » et non par « ce qu'ils font » ? Nous pardonnons et nous nous soumettons à leurs actions foireuses sous prétexte qu'ils sont des gens haut placés qu'ils sont « l'élite », les personnes les mieux placées pour diriger un pays. OK, pourquoi ça fait cinquante ans que les gens votent pour une poignée de gens présélectionnés pour en fin de compte dégrader le pays, le monde et notre système de vie par la même occasion ?

Après, on se demande pourquoi beaucoup sont nostalgiques du passé…

Je ne rentrerai pas dans les détails de cette politique monstrueuse que tout le monde accepte, du moment que sa petite vie tranquille n'est pas touchée, car beaucoup en parlent très bien dans leurs bouquins. Le pire, c'est que personne ne se réjouit de cette politique et de ceux qui la représentent, mais malgré ça, ils ne se passent rien…

La vérité est partout, mais personne ne la recherche… On préfère être dirigé par un mec ou une nana qui a fait le fayot absolument toute sa vie et se soumet aux ultras riches. Ce n'est rien de plus qu'un individu qui va avoir un très bon salaire en plus de tous les avantages qui en découlent. Ce dernier aura pour mission de décider de ta petite vie de smicard sous prétexte que lui, est intelligent et toi pas. Je vulgarise bien sûr, mais c'est fatigant de prendre conscience qu'en fin de compte, ils gèrent nos vies, ils choisissent nos éducations, nos projets, nos envies et influencent nos rêves…

Dites-moi, qu'est-ce que la politique ? Une organisation qui met tout en œuvre pour gérer au mieux la situation d'un pays et leurs habitants. Une organisation qui se focalise sur le bien-être humain ! La bienveillance serait presque le maître mot en politique ! Non pas dominer, manipuler, mentir, exploiter, ordonner, détourner et abrutir tout un peuple au point de se faire la guerre entre nous au nom de faux idéaux que l'on nous aura littéralement implantés dans le crâne !

Comment voulez-vous que ces gens-là pensent à notre bien alors qu'ils sont déjà occupés avec le leur… comment voulez-vous qu'un changement ait lieu alors qu'ils nagent tous dans un confort absolu au quotidien ? Quand est-ce que les gens comprendront que l'argent n'est pas qu'un outil, mais aussi un champignon qui s'installe dans notre cœur et notre esprit pour pourrir notre âme ?

L'argent contrôle la politique et donc ce monde. Je vais vous donner un scoop ; tous les milliardaires sont des gens puissants. Coïncidence ou pas ? D'ailleurs, on ne les entend jamais prendre la parole, sans doute que ça créerait des soupçons… Ils ont toujours des intermédiaires à leurs services !

Pour mieux évaluer un domaine et les gens qui y travaillent, je pense que le mieux serait d'imaginer toute cette organisation administrative dans un monde sans argent… là toute de suite… Plus d'intérêt envers les lobbies ou les grandes fortunes… Là, automatiquement, ça deviendrait un véritable service. On se concentrerait davantage sur les problèmes qu'une civilisation pourrait rencontrer et de ses réelles solutions pour évoluer sainement, d'enfant à adulte, du besoin vital d'avoir des liens vigoureux entre les personnes. La politique devrait en réalité ressembler à une assemblée de personnes où sagesse, philosophie, psychologie, amour, et j'en passe… seraient devenues des compétences primordiales pour amener une civilisation vers son apogée et sa plénitude. C'est plutôt clair, non ?

Résultat : pas de division inutile, pas de débats pour prouver qu'on a la plus grosse, pas de banquier au pouvoir… que de la bienveillance et une vraie recherche approfondie sur les manières les plus optimisées de vivre et d'évoluer tous ensemble. Et n'allez pas me dire que c'est compliqué ! Ce qui l'est, c'est notre politique administrative actuelle recouverte de paperasse, je crois qu'on ne pourrait la rendre plus complexe… Comment voulez-vous que les choses évoluent en mieux avec tous ces partis et candidats différents ?! C'est à cause de la gauche, de la droite et patati et patata ; les mecs se marrent en haut… Ils se voient tous les jours et mangent ensemble à la même cantine comme dirait l'autre. Ils mènent continuellement leur petite vie tranquille dans leur confort qu'ils ne veulent pas perdre. Et nous, on pense que c'est Martine ou Martin qui va changer les choses parce qu'il ou elle a dit : « je comprends la douleur des Français ». Mais, s'il vous plaît… arrêtez ça ! On parlera quand même d'une poignée de gars, voire un ou deux, qui peuvent demain partir en guerre contre n'importe quel pays ou idéaux et envoyer des millions de personnes dans l'enfer de la guerre ; plonger des familles dans les abysses de la solitude accompagnée par sa petite sœur la tristesse. On leur a donné trop de puissance, résultat, on les retrouve intouchables.

C'est peut-être à ça que nous sert l'histoire dans notre bonne et vieille Éducation nationale, de bien te faire comprendre du haut de tes dix ans que dans le passé jusqu'à aujourd'hui, tous les peuples étaient dirigés par des gens puissants et malfaisants, et qu'on peut s'estimer heureux de ne pas avoir comme chef d'État un Hitler, un Staline ou autre… Bizarrement, ce sont des personnages du programme scolaire. Coïncidence ? Donc, ils nous conditionnent de manière à ce que nous nous souvenions que c'est normal d'avoir affaire à ces gens-là, que de toute manière par le passé, il y a eu pire… Ainsi, rassurons-nous d'avoir ce que nous avons aujourd'hui, ça aurait pu être pire…

Pourquoi ces gens normalement dotés d'une intelligence et d'un savoir-faire supérieurs au citoyen lambda, ne se mettent-ils pas tous ensemble, pour discuter en groupe de la meilleure façon de gérer un pays ? Pourquoi sont-ils divisés les uns contre les autres ? Chacun veut garder son territoire ! Comme le font les animaux… Un chef par territoire gardé ! On n'est pas si loin des meutes de loups ou de lions.

Non, mais c'est une vraie question en fait… Si notre objectif à tous − et le leur − est de relever la

France, de faire en sorte qu'on y vive mieux, pourquoi ne se rassemblent-ils pas tous en une unité pour réfléchir sur les meilleures idées et concepts à appliquer ? Peut-être parce que ce n'est pas leur but... Car si ça l'était vraiment, depuis cinquante ans, on s'apercevrait d'une amélioration dans notre quotidien, nos conditions de vie seraient plus agréables... Est-ce le cas ? Pas vraiment non... On a plus l'impression que cette politique accroît notre division au fur et à mesure que le temps passe. Je veux dire, plus il y a de parties, plus tu as de chances d'y trouver ton compte, plus de postes à pourvoir... Et dès que tu as trouvé ton représentant, les autres deviennent automatiquement des opposants et les conflits ont lieu, c'est beau quand même ! Ils sont malins les mecs...

Le but de la politique, c'est quand même de trouver les meilleures solutions adaptées aux situations qui nous posent problème, en se posant les bonnes questions et en y apportant une réelle réflexion sur ce qu'il y a de mieux à faire ! Non pas être tels qu'ils sont de nos jours ; des personnes gagnant beaucoup d'argent avec tous les avantages que ça implique, travaillant sans trop avoir mal au dos et en se fichant éperdument des autres, pourvu qu'ils soient idolâtrés. Le but de la politique est que l'on soit tous heureux et sereins, sans exception et non pas malheureux, angoissés et en colère ! La politique devrait rassembler les hommes les plus intelligents (au sens propre), les plus honnêtes et surtout les plus sages du pays et non pas les plus ambitieux, manipulateurs, calculateurs, menteurs et j'en passe… Pourquoi cette logique ne fait-elle pas tilt dans la tête des gens ?

On entend des choses que je trouve personnellement absurdes, du genre « je vais voter pour un tel parce qu'il a du charisme »… Ah bon ? « Parce que j'aime bien sa loi sur le travail »… Vraiment ? Mais il y en a un paquet de ces raisons qui n'ont rien à voir avec ce qui est essentiel dans le parfait profil du candidat à une élection. Ils passent la plupart de leur temps à se chamailler entre eux, c'est pitoyable. C'est des batailles d'ego, c'est à celui qui parlera le mieux, qui apportera les meilleurs arguments contre l'autre lors d'un débat, qui mentira le mieux, voire manipulera le mieux. Est-ce normal que la première des qualités soit la communication ? Avant la soumission, bien sûr… À quel moment pensent-ils profondément au peuple et à ses réels besoins ? Mais, sachant pertinemment qu'il y a des gens très riches au-dessus de tout ça, aider le peuple devient quelque chose d'impossible, car ce n'est pas leur but, sinon ça fait bien longtemps que l'on vivrait mieux dans une société plus équitable.

Voter, de quoi parlons-nous ? Vous trouvez ça normal de voter ? Qui dit vote, dit compétition et donc, conflit entre les candidats et les votants. Encore, diviser les citoyens entre eux. T'es de droite ou de gauche ? Et ça, c'est censé être sain au sein d'une société ? Depuis des décennies, les élections ont toujours divisé les peuples et peu importe le pays, c'est toujours la même histoire. Mais, soyons rassurés, les élections ne changent rien, le problème ne vient pas d'eux, c'est normal d'en arriver là. Il y a beaucoup trop d'enjeux économiques, le candidat peut valoir des milliards pour la simple raison que si par hasard, un type comme moi mettait la couronne, tu peux déjà être sûr qu'il y aurait un vrai ménage industriel au niveau de la malbouffe et de la santé, sans parler du reste. Non, le souci est les votants qui acceptent tout ce tsoin-tsoin, qui acceptent cette division, cette hiérarchisation des problèmes, cette mascarade et qu'on mélange bien histoire d'amplifier la sauce qui donne à la fin ce bon vieux goût de chiotte.

La politique serait en réalité une barrière entre les ultra-riches et les autres. Une police à leur service et qui fait en sorte que toute cette mascarade se passe sans encombre, qui fait en sorte que tout le monde gère ses propres soucis sans ennuyer les autres. Les policiers sont au service du peuple ou des politiques ? Je pense qu'ils sont surtout un bouclier institutionnel, mais je ne vais pas leur jeter la pierre à ces pauvres gens... Eux aussi, ils ont une famille à nourrir...

Si notre objectif de vie est d'éviter le plus possible les problèmes, celui de nos politiques est de nous en rajouter subtilement. L'argent maintient ces gens bien en place, sans lui, tout s'effondre. Mettez-vous à leur place, ils touchent des salaires exorbitants, sans parler de tous les services possibles et imaginables qu'ils ont à leur disposition et bien entendu, une super retraite, à vie pour certains... Et le peuple dans tout ça ? Travaillant d'arrache-pied pour gagner une misère, reflétant au final une plus grosse charge de travail qu'eux ! Ah, mais j'oubliais... Ils ont des diplômes, donc c'est normal, ou du piston... Puis, ils doivent se dire « On n'a qu'une vie, alors le plus important, c'est bien entendu de profiter de notre statut. Aider le peuple, on s'en fout dans l'absolu », mettez-vous à leur place.

On dirait bien que dans ce milieu, c'est chacun pour soi et profits pour tous. Retirez tous les privilèges qu'accorde une place de hauts fonctionnaires et il y aurait moins de personnes pour être candidat à ces postes, à part pour les honnêtes gens doués d'intelligence et de sagesse, prenant conscience que l'on est tous des êtres humains, que nous méritons tous d'être heureux, qu'il en va de notre histoire, de notre avenir et de celui de la planète.

La politique (le pouvoir et l'argent) et la religion (notre foi, nos certitudes) nous divisent... Et là où il y a division, il y a conflit, il y a violence. D'un côté, on nous impose une soumission matérielle et de l'autre, une soumission « spirituelle ». Quelle ironie de se dire que ce sont deux domaines où la sagesse est à la fois indispensable et inexistante.

CHAPITRE 9 : LES MÉDIAS

Jean-Paul II a dit « Les médias sont des instruments dont se sert le péché pour imposer à l'opinion publique des modèles de comportements aberrants ».

Je trouve fascinant tous les sujets qui concernent notre être, et pour prendre connaissance de ces sujets, il nous faut des moyens matériels pour retransmettre l'information au plus grand nombre de gens comme la radio, la télé, les livres et internet. La chose à prendre en compte, c'est que ces outils qui permettent donc de partager des données vont indirectement éduquer les gens et installer des mœurs. Les médias jouent donc un rôle très important dans l'atmosphère d'une société et son influence est vertigineuse.

Du coup, maintenant que les présentations sont faites, j'aimerais comprendre un truc... J'en ai lu et écouté, des grands Hommes jusqu'à maintenant et je n'ai jamais entendu personne, parler des médias. Parler de ces outils qui peuvent regrouper la parole de tout un pays en une seule voix... Des outils au côté divin utilisé de manière diabolique ; je m'explique : La radio, les livres, la télé et maintenant de plus en plus internet ne diffusent pas de la connaissance, mais au contraire, majoritairement des divertissements qui abrutissent et installent des peurs. Mais là, je vais parler particulièrement de la radio, de la télé et de ses journaux « officiels ». Car les livres, on les choisit, sur internet, on choisit ses sources. La télé et la radio, on ne choisit rien, on t'impose toutes les informations et c'est là que ça devient intéressant.

On parlera ici de journalisme… Ce sont des personnes dont le métier est normalement de chercher des sujets qui seraient assurément intéressants pour le public et donc, pour notre civilisation. Tu ne vas pas me dire que ces dizaines de journalistes qui travaillent pour une chaîne ne peuvent pas fournir un travail enrichissant autre que de nous dire qu'un connard a poignardé quelqu'un dans la rue pour y débattre pendant des heures et savoir si le coupable avait un slip noir ou bleu marine ? Je veux dire… on s'en contrefiche ! Leur but est de nous tenir informés des choses censées être les plus intéressantes ou importantes de la journée. Personne n'est interloqué par le contenu de ces journaux ? Pas de manifestations concernant les médias ou la télé elle-même ? Le pouvoir d'achat, c'est plus important hein ? Ou le mariage pour tous, ça, ce n'est pas important, c'est essentiel… Les manifestations sont le résultat d'un « ras le bol » et elles nous montrent à quel point un peu d'argent est plus important que beaucoup de savoir.

Non, mais attendez... à quel moment on a jugé sain, normal, naturel, ou essentiel de promulguer au peuple, tous les jours qui plus est, des informations portées uniquement sur la violence des uns envers les autres, sur l'argent et la consommation ?

Personne ne se rend-il compte de cette mascarade ? Ce ne sont plus des médias, c'est une véritable propagande de la peur au service des marchés financiers. La peur permet de faire consommer les gens, c'est formidable. Les médias installent la peur de manquer... la peur de l'autre, des autres... Les médias procurent des émotions telles que la colère, l'angoisse, la peur, l'anxiété, du plaisir malsain ou du désarroi envers les personnes concernées... Ce sont des informations ça ? Tu ne veux pas m'informer sur les bienfaits qu'ils sembleraient nécessaires de connaître pour avoir une meilleure vie ? Un meilleur physique, un meilleur mental ? Au lieu de me dire qu'un tel a été cambriolé, violé ou tué à cause d'un ou plusieurs cons... en vrai, on s'en moque totalement ! Ce sont des dizaines de milliers de faits qui existent par an en France, des millions à travers le monde, de quoi on parle là ? De choisir quelques faits pour en faire l'actualité !! Toi, le journaliste, tu veux améliorer le monde, alors, fais plus en sorte de distribuer à l'amour et à la connaissance ! Apaise les choses, apaise le peuple, apaise le pays. Dis-lui qu'il est nécessaire en tant qu'individu, si tu veux être heureux, de t'instruire correctement ! Le plaisir d'apprendre, c'est l'éducation qui s'en charge. Les médias doivent se charger de découvrir et de partager les informations essentielles pour un approfondissement personnel par la suite. Car, avoir un corps équilibré pour se sentir bien et rester en bonne santé, on sait parfaitement comment l'obtenir, alors dis-le dans ton journal ! Et je ne te parle pas de régime minceur à la con bourré de cochonneries et au goût affreux, non ! Je te parle des vertus que l'on retrouve dans ce panel énorme d'aliments que l'être humain dispose. Je prends l'exemple du corps en bonne santé, car ça parle plus ou moins à tout le monde, mais il y a tellement de sujets qui nous concernent dont les découvertes pourraient sans l'ombre d'un doute nous mener vers une vie meilleure. Je veux dire, les enfants regardent, leurs parents regardent. Ils voient de la violence, du mal, des gens qui souffrent… Tout le monde sait qu'il y a des enfants qui meurent à l'autre bout du monde, mais on ne va pas se mentir, tout le monde s'en fiche. C'est rentré dans nos mœurs et ça ne nous touche même plus. Alors, à quoi bon ?

Les médias devraient être à l'image de ce qu'ils représentent ; un intermédiaire d'information sur les nouvelles avancées et découvertes. Le problème dans tout ça, c'est la corruption due aux lobbies qui ont un intérêt plus que profitable de maintenir les gens dans l'ignorance. Je n'irais pas plus loin sur le sujet, mais il faut être lucide quand même. À quel moment ça arrange le lobby pharmaceutique de faire en sorte qu'on soit tous en parfaite santé ? Je veux dire que si tout le monde est en bonne santé, les mecs ne vendent plus de médocs… Je trouve ça personnellement incroyable d'aller jusqu'à faire des publicités pour vendre un médicament… Maintenir un corps en bonne santé n'a rien de miraculeux ou d'impossible.

On sait par ailleurs que le corps mène un combat non-stop pour faire en sorte de rester en équilibre, en d'autres termes, le corps se régénère constamment au même titre que toutes les blessures physiques extérieures cicatrisent automatiquement, même cette information basique est ignorée par beaucoup. Je vais me répéter, car c'est important, mais je peux vous assurer que si ce n'était pas le cas… Avec toute cette pollution, cette alimentation, ces mauvaises énergies, ce tabac, cet alcool, ce manque d'activité physique et j'en passe, notre corps serait malade plus rapidement et plus grièvement… En d'autres termes, ce qu'il faudrait, c'est s'intéresser à tout ce dont je parle et de tout ce dont je ne parle pas… Non seulement ces informations nous concernent et nous permettraient d'être tous en meilleure santé et plus épanouies, mais en plus de ça, elles sont fascinantes ! La santé n'est-elle pas la chose la plus importe dans la vie d'un être humain ?

Ces génies qui donnent constamment leurs avis dans les médias et osent dire que c'est à cause des jeux vidéo que les jeunes sont violents, car ils n'ont plus de notions de bien et de mal. Et ceux qui disent ça sont censés être des experts ? Des gens réfléchis, qu'on écoute, car ils peuvent trouver des solutions à nos problèmes ? Des gens qui cherchent vraiment à comprendre les causes de ces conséquences désastreuses dans les rues ? Évidemment que non, sinon on n'entendrait pas ce genre de conneries dites par des gens qui n'ont jamais joué à un jeu vidéo ou qui ne savent pas ce que sait que de « s'amuser » entre amis ou seul. Ces pseudo-experts, commentateurs ou journalistes ne cherchent pas la vérité dans leur quotidien chic, mais ne cherchent qu'à démontrer que les leurs sont les bonnes. Comment oser parler de violence virtuelle quand tu vois la flopée de films d'action des années 90 où un homme se battait dans un bain de sang, seul contre tous avec le slogan « tuer, c'est cool ». Mais le monument de ma génération, du moins le nom qui ressortait le plus souvent et qui était l'idole de tous les jeunes, c'est le grand et vertueux Tony Montana. Tu es collégien et ton exemple de réussite c'est Tony Montana. Tout va bien ? C'est normal ? Le mec représente tout ce que l'être humain ne doit pas être ! C'est fascinant… Remarquons l'indifférence des parents, des professeurs et des médias à l'égard de ce genre d'idole. Inutile de faire le lien que ce film a avec l'argent hein ? Scarface, c'est des valeurs comme : avoir un objectif centré sur l'enrichissement matériel, l'envie de dominer l'autre, toujours plus de pouvoir, et enfin et surtout l'assouvissement de tous ses désirs… ça donne envie hein ? c'est un Homme, un vrai !

La télé, c'est aussi un média qui éduque à travers ses films et séries : violence, sexe, argent, drogue, plaisir, etc. Elle possède une influence au point d'avoir un rôle pédagogique sombre que personne ne remarque… dans le 7e art, mais aussi :

À travers les publicités « tu es un consommateur alors consomme et tu verras, ce produit te rendra heureux… »

À travers les émissions de divertissements débiles et superficielles pour consentir à n'être qu'un consommateur qui n'a pas besoin de s'élever pour être heureux.

À travers les journaux télé, qui ne représentent de nos jours qu'un outil permettant la propagation de violence et de peur envers tout. Il est tout à fait normal d'être totalement arrosé de bandes publicitaires infantilisantes et érotiques, de divertissements basés sur un humour de seconde zone où on te fait croire au bonheur à travers la récompense d'un petit chèque ou d'une brosse à dents. Tout ce qu'on peut trouver à la télé est absolument vide de sens… c'est affligeant !

Allumer la télé devrait être un acte lumineux. Au point de savoir, qu'en l'allumant, on va découvrir ou confirmer certaines choses scientifiques, sportives ou artistiques. Rien d'autre, pas de publicités débiles, pas d'émissions débiles, pas d'information débile sur la violence en continu. Dans l'absolu, la télévision est un outil magnifique, comme tous les outils de retransmission de masse, comme la radio et surtout internet. Un intermédiaire permettant l'accès au savoir à tout moment et n'importe où dans le monde, lorsque la nécessité et l'envie se font ressentir.

Internet fait très polémique. Il est marrant de constater que c'est en grande partie toute la génération télévision qui critique internet en disant qu'on n'y trouverait absolument que des bêtises – alors que paradoxalement la télé en regorge – mais peu importe ce que les gens pensent, il y a bien une chose que l'on retrouve sur internet, comme dans certains livres, c'est de la connaissance. Ces gens qui critiquent internet sont les mêmes qui lisent des polars au lieu de lire des livres qui pourraient leur procurer du savoir. Que vous le vouliez ou non, elle y est présente, il faut juste s'intéresser à elle et la chercher. Ce n'est pas le cas de la télé et de la radio, où l'on t'impose absolument tout. On t'impose non seulement le sujet, mais aussi son interprétation (ça rappelle la mécanique de l'école, étonnant...). Et après ça, toi, tu vas me répéter les âneries que tu as entendues la veille et critiquer les informations qu'un mec a cherchées et étudiées pendant des heures, des jours, des années… ? L'être humain est fascinant !

Sachez qu'il faut aller sur internet pour prendre connaissance des études scientifiques. Qu'il faut aller sur internet pour regarder des documentaires intéressants sur le sujet que l'on désire. Qu'il faut aller sur internet pour écouter un « vrai » philosophe, chercheur, docteur, scientifique ou autre. La télé ou les journaux ne font pas le taff ! Quel intérêt ont-ils à divulguer constamment les mêmes choses ; violence, publicité et divertissement de plus en plus abrutissant, « oui, mais c'est ce que les gens veulent, ça fait de l'audimat » absolument faux. Les gens regardent de moins en moins la télé, une très grande majorité sait qu'à la télé, il n'y a que des âneries, d'ailleurs de plus en plus de personnes, comme moi, n'ont même plus de télévision chez eux.

Que dire des débats télévisés ? … Combien y en a-t-il eu sur les mêmes sujets depuis que la télé existe et combien ont fait avancer les choses ? Débattre dans le privé, chacun fait ce qu'il veut, mais à la télévision ou à la radio, regardée et entendue par des millions de gens, on se doit d'être intelligent en étant constructif pour animer un débat qui serait nécessaire et essentiel ; c'est la base de tout débat dit « sain ». Ce sont des personnes censées être « expertes » dans leur domaine, des personnes qui ont cette crédibilité aux yeux de tous, grâce à leur « bagage intellectuel ». Que peut-on observer durant les débats télévisés ? Toujours la même cacophonie qui finit sans solution à la clef, un débat dans lequel chacun veut prouver qu'il a raison, sans même chercher à comprendre ce que disent les autres, on ne voit pas de cohésion entre des gens intelligents qui chercheraient à trouver le remède à un problème, qui installeraient une réelle et profonde réflexion en temps réel. Non c'est « je dis blanc, toi noir » et « tu as tort, j'ai raison ». Ils sont inexistants les débats où l'on constate à la fin, l'un des deux protagonistes dire, « vous m'avez convaincu, je partage dorénavant votre pensée » ou même un « les choses sont plus claires à présent ».

Le débat présidentiel, c'est la même vinaigrette, c'est juste les doses qui changent, c'est à celui qui déstabilisera l'autre... Un combat de coq ! Mais de quoi parlons-nous ? Deux candidats pour la place de capitaine d'un pays et on voit un concours d'ego ? Tout le monde se satisfait de ça ? Ces deux personnes sont censées être les plus qualifiées pour gouverner un pays et elles donnent une représentation d'elles tout à fait puérile. Elles détruisent ce que devrait représenter une discussion saine ; on y voit de l'agressivité, de la manipulation, du mensonge, de l'hypocrisie, un désir de mettre à mal son interlocuteur et un manque de maturité et de sagesse malgré leur âge et leur futur poste important. Ils nous démontrent simplement à travers leur fascinant débat présidentiel que l'objectif n'est pas d'améliorer le pays, mais de gagner le titre. À quel moment devrions-nous nous étonner de la bêtise des jeunes, de leur ignorance, de la vie et de leur non-sensibilité à la violence ? C'est exactement ce que la télé, les médias, nous martèlent chaque jour... Bien joué, vous faites un excellent boulot, les gars !

Vers un paradis	Vers un enfer
AMOUR	ARGENT
ÉDUCATION	CONSOMATION
ACTIVITÉ	IGNORANCE
PASSION	INDIFFÉRENCE
CONNAISSANCE	BÊTISE
SPIRITUALITÉ/SANTÉ	VIOLENCE/MALADIE
ÉQUILIBRE	DÉSÉQUILIBRE
BONHEUR	TRISTESSE
ÉPANOUISSEMENT	SUICIDE/MEURTRE

CHAPITRE 10 : LÉGENDES

• Meurtre/suicide : deux sujets qui ont la double particularité ; celle d'être des actes à la fois totalement inhumains et tout à fait banals. Des actes d'une grande cruauté, ancrés dans nos mœurs.

Pourquoi est-ce que tuer quelqu'un ou se donner la mort est devenu quelque chose de tout à fait banal ? L'entendre ne nous procure plus aucun effet, sauf quand il s'agit d'une personnalité connue ou d'un membre de notre entourage.

Ce qui est fascinant, c'est qu'on doit être 99,99 % à être incapables de tuer quelqu'un. À moins que notre vie en dépende ou celle de notre famille ou encore celle de nos amis. On peut aussi atteindre cet extrême si notre liberté ou la leur en dépendent. En gros, on peut tous être amenés à tuer quelqu'un si nos émotions prennent le dessus, si plus aucun autre choix ne s'offre à nous et s'il ne nous reste que notre cerveau reptilien pour nous guider. On sait tous que dans un état de stress important, l'Homme est capable du meilleur comme du pire. Ces actes dépendent d'un tas de circonstances ; de notre résistance face à la souffrance, de notre contrôle face aux émotions, face à la solitude, face à la pauvreté et face à l'indifférence... C'est la nécessité de se contrôler face à une société qui nous pousse dans nos retranchements et si l'on ne possède pas les bonnes armes, on est voué à rentrer en guerre contre elle et donc contre nous-mêmes. Comme dirait l'autre « je ne peux pas être en bonne santé dans cette société malade ». Nous interprétons comme nous pouvons ce que nous vivons.

Rappelez-vous que la violence n'est que bêtise et ignorance. Que les premiers qui méritent d'être pointés du doigt sont les politiciens qui gèrent cette Éducation nationale, cette organisation culturelle et sociétale. Qui gère quasiment toute l'évolution d'un être humain du début à la fin.

Je ne suis pas en train d'excuser les criminels ou ceux qui se suicident, car la société est elle-même très violente. Je dis juste qu'une personne méchante ne l'est pas par choix, tout autant qu'une personne qui souffre d'une tristesse profonde ! On les pousse à le devenir. Le pire, ce ne sont ni ces gens-là ni les politiciens, mais tous ces millions, voire ces milliards de gens qui entendent et regardent sans rien faire en continuant leur vie comme si de rien n'était. Nous sommes devenus de profonds égoïstes à cause de l'argent et la peur de perdre nos biens, notre confort… On arrive à un stade où on a des êtres humains qui souffrent dans notre société, au point de tuer ou de se tuer. C'est juste catastrophique et tout le monde s'en fiche… C'est effrayant !

• Le Yin et le Yang : la représentation du bien et du mal complètement détournée de son véritable sens dans l'esprit des gens...

Ils sont forts quand même ! Ils ont réussi à instiller dans notre esprit l'idée que le mal était représenté par quelqu'un de maléfique. Alors non seulement c'est faux, mais en plus de ça, ça nous pousse à penser qu'une personne mauvaise serait née comme ça et que par conséquent la société n'y est pour rien. Fascinant !

Pour beaucoup, parler du bien et du mal, c'est par exemple parler de Dieu et de Satan, des anges et des démons, du paradis pour les gentils et de l'enfer pour les méchants. Ce sont des représentations du bien et du mal qu'on peut même apercevoir dans plusieurs films, et surtout pour les enfants. On peut voir cette représentation du mal dans chaque film hollywoodien à travers un criminel. Ce sont toutes ces petites choses qui font en sorte de nous faire croire que l'Homme est mauvais de nature. Comme si tuer quelqu'un était normal et que l'auteur du crime était simplement une personne mauvaise qu'on ne pourrait changer. Alors qu'en réalité le mal n'est rien de tout ça... J'ai expliqué la provenance de la violence qui était en rapport avec cette ignorance de la beauté de l'Homme à travers une éducation faisant du hors-piste. Du coup, qu'est-ce que le mal ? Pour moi, le Yang n'est ni plus ni moins que notre égo enfoui en nous. Un proverbe amérindien parle du Yin et du Yang à travers un loup blanc et un loup noir. Que durant notre croissance, c'était celui qu'on décidait de nourrir le plus qui prendrait par la suite le dessus sur l'autre. Je crois que ce proverbe définit avec brio ce qu'est le bien et le mal. Ce n'est pas pour rien que l'Homme est capable du meilleur comme du pire… Pour se situer, je dirais que le Mal est individualiste et le Bien collectiviste.

Un sage est avant tout une personne spirituelle ayant mis son égo de côté pour se connecter à la source, à la conscience collective. Il connaît le chemin pour devenir un être lumineux, c'est son ambition, son choix de vie. Il n'a aucune attirance pour l'argent et ne désire pas s'enrichir matériellement. Maintenant, je pense que c'est l'ego qui lui permet de se « dépasser » ! Peu importe le domaine qu'on pratique, notre égo doit être un moteur nous permettant d'aller plus loin dans nos recherches, créations ou performances artistiques et sportives. L'égo ne doit pas nous permettre d'écraser les autres, mais de nous envoler nous-mêmes. Notre égo est un outil à l'image d'un couteau par exemple, tout dépend de la manière et du pourquoi on s'en sert.

Qu'est-ce qui différencie un génie d'un fou ? Un sage d'un criminel ? Un gentil d'un méchant ? Ce sont uniquement les infos qu'on va assimiler à travers notre éducation, notre parcours de l'âge enfant à l'âge adulte, rien d'autre, et l'égo est un outil qui se sert de ce savoir accumulé pour le traduire à travers notre comportement.

• L'immigration : j'ai l'impression que peu importe les sujets, les gens n'essayent pas de les comprendre. Tout problème a besoin d'être pris à la racine pour être résolu, je pense que nos experts de la télé s'arrêtent au milieu de la tige.

D'un côté, on a : « L'immigration est un problème, donc la solution serait de la limiter ou de la supprimer » OK ! Et de l'autre « L'immigration est une chance pour la France, elle permet de s'enrichir culturellement » OK ! Et là, on va nous faire croire à tous qu'il n'y a pas d'autre solution. Résultat, tous débattent sur divers plateaux télé depuis des décennies dans le vent puisque le problème est ailleurs et bien plus profond.

Pourquoi certains quittent-ils volontairement leur pays pour un autre ? Pour avoir une meilleure vie, OK. Du coup l'immigration n'est en fin de compte qu'une question de confort de vie, donc d'argent, encore et toujours. À quel moment on peut leur en vouloir de se souhaiter une meilleure vie ? Toi, tu as eu la chance de naître dans un beau quartier de Paris, tandis que lui a eu la malchance de naître dans un pays pauvre où il gagne un dollar par jour et on va se permettre de pointer du doigt ces gens-là et de les désigner comme source de nos problèmes ? Qu'ils viennent de France, du Maghreb ou du Bangladesh, tous aspirent à une vie plus agréable, plus facile, plus « normale »... Et même si leur éducation n'est pas à la hauteur du pays qui les accueillent, créant des différences flagrantes dans leur comportement, on ne peut pas les juger si facilement. Maintenant, les questions que je me pose sont les suivantes :

Pourquoi les pays pauvres n'entreprennent-ils pas ce que les pays riches ont entrepris ?

Pourquoi ne pas les aider à se développer ?

Pourquoi se plaindre et ne pas penser une seconde à une entraide ?

Pourquoi l'Amérique du Nord, l'Europe, la Russie, la Chine, le Japon, l'Australie, etc. ne se réunissent-ils pas de manière à faire en sorte que ces pays pauvres fassent comme des « stages de développement » ? Leur envoyer du riz, c'est tout ce qu'on est capable de faire ? Vous pensez vraiment qu'on va les aider ainsi ? Je pense qu'il serait plus judicieux de leur envoyer de très bons éléments (humains) pour leur permettre d'évoluer, d'avancer, de se développer. Enfin de compte, le but n'est pas de les nourrir comme des animaux de compagnie, mais de faire en sorte qu'ils se nourrissent eux-mêmes ! Que leurs intellectuels restent dans leur pays natal pour contribuer à leur développement. L'immigration n'est pas une chance non, elle est un fait supplémentaire démontrant une société malade !

Si l'argent n'existait pas, l'immigration n'aurait aucun sens !

Si l'argent n'existait pas, tous les pays seraient quasiment au même niveau. Un savoir à la portée de tous, pour tous.

• Guerre des sexes : Donc c'est ça la modernité ? Viser la neutralité sans saveur ? C'est fini le sens profond des choses hein ? On juge tout en surface…

Les femmes veulent être l'égal de l'homme ? Mais pourquoi faire ? Avoir un meilleur salaire ? Qu'on soit tous égaux vis-à-vis de ce pot de yaourt plein de conservateurs ? Ou envers les lois divines de l'univers ? De quoi parlons-nous ? D'un point de vue humain ou sociétal ? Parce que ça n'a rien à voir… Et pourtant tout est mélangé. On va jusqu'à nous parler d'écriture inclusive ou du soi-disant problème des mots masculins ou féminins comme la France, la planète, la terre, la mer, la patrie, Marianne. On peut continuer longtemps cette mascarade…

À quel moment une Femme et un Homme sont-ils égaux ? Forcément, nous le sommes, puisque nous sommes de la même espèce : Humaine. Mais plus sérieusement, le politiquement correct mis à part. Où sont les ressemblances entre un Homme et une Femme ? Les seuls points communs que nous avons sont les bases qui structurent notre corps. Le reste est différent et fort heureusement d'ailleurs, sinon mon Dieu quelle tristesse. C'est viser la « modernité » pour qu'on se retrouve tous identifiés comme neutres ? Quelle avancée !

Il n'y a pas une information qui pourrait parvenir à votre esprit à un moment donné en vous disant simplement que la femme a des qualités que l'homme n'a pas ou moins développées et vice versa, point barre ? À quel moment cela devrait-il être une préoccupation ?

Encore et toujours une histoire de pognon… Sans ça, on ne débattrait même pas, car il n'y aurait ni le besoin d'en parler ni le besoin de le transformer en problème. Soyons lucides et sérieux. Je ne suis pas en train de dire que les femmes sont inférieures, mais si l'homme a des capacités physiques naturelles supérieures aux femmes, les femmes ont sans doute des capacités sensorielles, intuitives et psychiques supérieures à celles des hommes : je pense personnellement que les femmes ont des capacités « énergétiques » plus développées. On parle quand même de l'être humain qui donne la vie à partir de pas grand-chose, voire de rien. Comment dénigrer ou ne pas respecter les femmes ? Tout le monde est sorti d'une femme. Quelle ironie de penser que la femme a pour rôle de mimer ce que l'homme fait, de penser qu'elle peut être rabaissée aux mêmes activités viriles que l'homme fait. Cette subtilité et cette beauté que représente la femme et que l'homme n'a pas, il faut l'enrichir et la préserver.

Les femmes pourraient sûrement être des tôlières dans un monde sans argent, où la spiritualité et les énergies ne sont plus du tout un tabou, mais officiellement reconnues, où l'épanouissement des hommes et des femmes est présent et permet à chacun d'exprimer son plein potentiel dans ses convictions, ses atouts spécifiques et ses envies les plus profondes.

Cette « sublime » société a été bâtie principalement par des hommes, et pour que les femmes fassent leur place dans ce monde chaotique, elles essaient de ressembler aux hommes, d'être aussi fortes qu'eux, Girl Power ! Mais de quoi parlons-nous ? Encore une fois, on ne guérira d'aucune blessure, si on continue de vouloir soigner nos problèmes à la surface.

« La guerre des sexes »... et nous, on est des homo sapiens, on se dit doué d'intelligence... ?

Cette mascarade n'est pas une guerre constructive qui consiste à mener les hommes et les femmes vers un accord parfait, mais tout ça, c'est juste une question de pouvoir et de privilèges. Seule la connaissance nous libèrera de la « guerre des sexes », des races et de toutes ces conneries que tu ne choisis pas à ta naissance. Devenir une vraie femme accomplie, ce n'est pas devenir un homme, c'est devenir féminine et puissante.

Une Déesse n'a rien à envier à un Dieu !

• La confiance en soi : encore une chose d'une extrême importance que notre chère Éducation nationale ne prend pas en compte. Cette notion si importante pour l'Homme et surtout indispensable pour son évolution personnelle. Pourquoi certains professeurs et parents bâclent-ils ce sentiment si important pour entreprendre des choses dans la vie ? Car ils ne peuvent transmettre ce qu'ils ignorent. Force est de constater que la réussite en société dépend beaucoup de la confiance que l'on ressent pour soi. Peu importe le domaine ; les célébrités, les sportifs de haut niveau, les chefs d'entreprises, etc. sont des gens qui ne doutent ni d'eux-mêmes ni de leurs capacités. Évidemment, ce n'est pas le cas de tous. Certains ont eu une enfance difficile et ont quand même réussi en société, car à ce moment-là, la volonté peut se montrer puissante et passer outre ce petit manque de confiance qui viendra par la suite à force de réussites successives. Mais, quand je parle d'enfance difficile, je ne parle pas d'un point de vue matériel, mais moral. Il faut qu'on m'explique comment un enfant, qui subit des critiques quotidiennes de la part de sa famille ou de ses professeurs, peut-il ainsi évoluer sainement et avoir confiance en lui pour pouvoir exceller d'un point de vue personnel, professionnel et social ? Il y en a un paquet de choses que je trouve débiles et inadmissibles au sein de notre vertueuse société, mais là, je dois avouer que de dire à son enfant qu'il est bête ou bon à rien dépasse l'imagination. Comment un enfant peut-il exprimer tout son potentiel, alors qu'on lui fait croire qu'il n'en a pas ? Des cas comme celui-là, il en existe énormément. On parle du comportement des parents qui critiquent leur enfant, mais on peut aussi parler de tous ces profs qui adoptent le même comportement envers « le fond de la classe ». Ces fameux professeurs qui ignorent les ¾ de ses élèves et pensent qu'ils n'ont aucun avenir. Mais comment leur en vouloir ? Comme dirait l'autre « Pardonne-leur, ils ne savent pas ce qu'ils font ». Ils ne se rendent pas compte de l'impact destructeur que ça peut engendrer sur la croissance psychologique d'un gamin.

Porter ou enfoncer propose souvent deux avenirs différents.

•Sous-métier : Normalement, il serait inutile de préciser qu'un métier se doit d'être nécessaire et que chaque métier possède ses propres critères et caractéristiques, car tous les métiers n'ont pas les mêmes intensités, les mêmes attentes et les mêmes enrichissements. Un métier qui ne peut viser l'excellence, qui ne peut devenir de « l'art », n'est qu'un métier alimentaire, donc un métier qui n'a pas sa place dans un monde « normal » (exemple flagrant : caissier, militaire).

Je ne vois pas pourquoi un ingénieur serait plus important qu'un agriculteur ; les deux nécessitent un savoir-faire, et à partir du moment où un individu y trouve son plaisir, que le métier est important et que c'est son choix de vie, cela reste un domaine comme les autres. Je vais amener une petite précision au sujet de ce métier sous-valorisé qu'est l'agriculteur. Les recherches dans le domaine sont superflues, car on leur demandera une grosse production pour pouvoir gagner de l'argent. Donc, viser l'excellence dans ce milieu n'est pas nécessaire pour y faire du profit. On plante nos graines sans se soucier de la terre idéale pour tel légume, tel fruit, sans se soucier des avantages que pourrait apporter telle plante pour son optimisation et son développement personnel. De connaître tous les aspects de la nature pour passer d'un simple métier manuel à un métier artistique. Il y a une grosse différence entre une terre agricole et un potager mûrement réfléchi où tout s'accorde et se compose… Si on imagine une terre agricole semblable à un brouhaha désagréable qui donne un résultat sans saveur, un jardin potager en sera une symphonie subtile aux parfums vigoureux. C'est une chose qu'on devrait apprendre à l'école pour que chacun reproduise cet art chez lui et l'expérimente à sa manière, comme on peut le faire dans un tableau.

• Les jeux vidéo : il paraîtrait que ces derniers abrutissent, qu'ils seraient la cause – en partie – de cette montée de la violence.

Déjà pour commencer il faut bien se rendre compte que les jeux vidéo, les jeux de société, voire le sport, sont des activités définies comme des jeux qui visent le plaisir et dont l'objectif est la victoire en fin de partie. Ces trois domaines nécessitent une méthodologie propre au jeu en question. Par exemple à Mario, ça va être d'arriver au bout du niveau sans mourir. Au Monopoly ça va être de faire en sorte que les autres soient fauchés. Et au football, ça va être à celui qui finira le match avec le meilleur score, le plus de buts. La seule différence qu'on pourrait retrouver et qui a son importance, c'est le fait que les jeux vidéo permettent de jouer seul ! J'ai pris exprès trois exemples, car ils sont normalement connus de tous. Pourquoi nos experts de pas grand-chose qui passent à la télé, ciblent-ils en particulier les jeux vidéo pour expliquer cette forte montée de la violence chez les jeunes au sein de notre si belle société ?

Force est de constater que les jeux vidéo visent en grande majorité un public de jeunes, alors que les jeux de société touchent toutes les tranches d'âge et idem pour le sport. Du coup, nos experts de pas grand-chose font ce fabuleux raccourci : une grande majorité des violences dans les rues sont commises par des jeunes et comme les jeux vidéo ont un public de jeunes, on fait une conjonction qui n'a, forte heureusement, aucun rapport ; la corrélation entre les deux n'existe pas, voire est à l'opposé. Les voyous, les criminels, etc., ne sont en aucun cas des gens qui jouent ! (Bon certains vendeurs de cannabis doivent à la limite jouer à ses jeux de foot comme Fifa mais ça s'arrête là)

Moi-même, étant jeune, j'ai joué à des jeux vidéo, avec mon frère, mon père, mes amis et des gens que je ne connaissais pas. J'ai joué à tout type de jeux, y compris ceux où l'on fait la guerre et l'on doit tuer le plus d'adversaires pour gagner. À quel moment tous ces gens avec qui j'ai pu jouer auraient-ils été capables de voler, agresser ou tuer une personne ? Quand vous voyez le soir des jeunes dehors en train de trainer, que font les autres ? Ils jouent aux jeux vidéo. Les jeux et plus précisément certains jeux vidéo de stratégie et de gestion du stress permettent de faire travailler quasiment toutes les zones du cerveau. Pour gagner à un jeu, il faut optimiser son temps, ses déplacements, réfléchir à comment éviter les problèmes, et en fin compte, réussir à devenir meilleurs que les autres et remporter la partie. Les jeux font travailler l'ergonomie du cerveau et nous aident dans la vie de tous les jours pour nos choix. C'est ce que font les animaux sauvages, ils jouent entre eux, ce qui leur permet de « s'entraîner » à survivre.

On devrait s'inspirer de la philosophie des joueurs professionnels pour pouvoir la retranscrire à l'échelle d'une société. Optimiser la société comme on peut optimiser un jeu ou un sport pour gagner. Donnez-moi une autre activité que les jeux qui permettent cela ? Il n'y a rien dans notre quotidien qui fasse en sorte de faire travailler les méninges (à part peut-être les métiers demandant une réflexion mathématique) ! Donc, au lieu de critiquer, il serait préférable de s'informer tout d'abord. Pourquoi pensez-vous que les professionnels des jeux vidéo soient appelés par certaines grandes entreprises comme Google pour leur venir en aide ? Peut-être que nos experts préféreraient voir nos jeunes dehors à trainer et faire de mauvaises rencontres plutôt que devant un ordinateur ou regarder des films d'action où le sang est versé, plutôt que de jouer à des jeux nécessitant un bon niveau en mathématique ?

De quoi parlons-nous en fin de compte ? Un jeu vidéo se trouve-t-il être plus violent qu'un film comme Saw ? Ou d'autres films où l'on voit des démembrements, du sang, des viols, etc. ? Dans la filmographie hollywoodienne, il existe toutes les formes de violences, des plus douces aux plus sanguinaires et cruelles ; les films de Stallone, Schwarzenegger, Van Damne, Bruce Willis et j'en passe, sont d'une violence extrême et tout le monde connaît ces grands classiques. Et après tout ça, nos brillants experts du rien du tout, parlent devant des millions de gens en affirmant avec entrain que quand un fait divers se présente (c'est-à-dire tous les jours), que ce sont les jeux vidéo qui pourrissent l'esprit des jeunes et non tout le reste... Je me gausse ! Ils réussissent à faire croire à tout le monde qu'internet et les jeux vidéo seraient à l'origine de la montée de la violence... c'est dingue ! Alors que je connais des gens qui ont fait des jeux vidéo, leur vie ! À l'image des « geeks » qu'on représente par le gros avec des lunettes et des boutons : le profil d'un dangereux criminel, c'est sûr... Les « geeks » ne sont rien d'autre que des nounours en peluche qui ne feraient pas de mal à une mouche. Alors certes beaucoup ont un égo surdimensionné, mais ça reste des broutilles à côté de ce dont on les accuse. Le monde de la criminalité et des jeux vidéo n'ont absolument rien à voir et on ne devrait même pas avoir besoin de le préciser. Sûrement que les grands cartels mexicains, la mafia italienne, Daesh, etc, recrutent de grands joueurs de jeux vidéo pour rejoindre leurs rangs...

•Les vacances : dites-moi, pourquoi avez-vous hâte que votre journée de travail se termine ? Pourquoi avoir hâte que les vacances arrivent ? Pourquoi souffrir autant ? Et encore, on parle de ceux qui peuvent se le permettre... Je ne parle pas du gosse de douze ans qui travaille dans les mines de pierres sans savoir quand et dans quel état sa journée va se finir pour lui. Ce gosse-là ne pense pas aux vacances… Au fond c'est quoi les vacances ? Hormis le fait d'être un aspect psychologique qui te fait partir pour mieux revenir, un aspect qui te fait penser que comme tu as bien travaillé toute l'année, on te récompense avec quelques jours de congés (« des vacances bien méritées »). Il est évident que si ce fameux mois d'août n'existait pas, les tensions dans le quotidien seraient plus grandes. Ces vacances sont en d'autres termes, un apaisement pour faire le plein, ou plutôt le vide… Les vacances permettent vraiment de se débarrasser des pensées négatives et du stress qu'on a emmagasiné toute l'année. Les vacances, c'est se réveiller le matin sans la moindre peur, mais avec cette douce sensation de liberté et de plénitude. L'endroit des vacances n'a en fait que très peu d'importance, c'est un détail, un plus. L'ironie de cette histoire est de prendre conscience que les vacances ne sont pas là pour votre bien, pas là pour l'épanouissement collectif et le bien-être individuel de tous, non non… Les vacances sont là pour faire descendre notre jauge de résistance face à la société. On peut affirmer sans calcul que la société tient debout grâce à ces vacances. Sans elle, les crimes et les suicides seraient décuplés. La recherche de liberté, et donc d'argent, serait plus intense…

• Les célébrités : elles jouent un rôle important au sein de la société. Elles ont une influence considérable à l'image d'un Cristiano.R7 qui aurait fait perdre

4 milliards de dollars à Coca-Cola pour avoir retiré deux de leurs bouteilles qui se trouvaient devant lui lors d'une conférence de presse (rares sont les célébrités de nos jours qui possèdent encore des valeurs).

Il y a trente ans, nos parents avaient eu la chance d'avoir comme modèle, comme personnalité du grand public, des célébrités comme Coluche, Jacques Brel, Daniel Balavoine et j'en passe... Ces gens prônaient des valeurs qui sont aujourd'hui inexistantes pour nos jeunes, comme l'amour et tout ce qui en découle. Ils montraient une certaine profondeur et un intérêt certain pour leurs congénères, on ne parlera pas de recherche de profit, mais de bienveillance de leur part. Mais malgré ça, malgré leur présence, leurs vertus et leur grande influence, ils n'ont guère réussi à changer les mentalités, à avoir un impact sur la société. Je ne me gênerai pas pour faire ce surprenant parallèle vis-à-vis de la mort mystérieuse de certains comme Coluche et Balavoine, qui ont tous deux poussé des coups de gueule envers la politique de l'époque et de ce système imparfait.

Maintenant, quel personnage d'envergure a notre génération ? Quel genre d'idole à notre jeunesse ? Des rappeurs comme Booba ou Jul ? Notre sublime société met en avant des personnalités basées uniquement sur l'apparence, sans la moindre profondeur d'âme ni d'esprit... Mettant en avant leur richesse, les drogues, les femmes comme objet sexuel et la violence. Nos jeunes les écoutent, les regardent, s'en inspirent ou les prennent comme modèles. Il est marrant de constater ce fait-là et le silence de tous. Personne ne pense à faire le rapprochement entre la montée de la violence chez les jeunes et leur illettrisme, de la perte des valeurs et la mise en avant de ses pseudos stars du vice. Nos experts de rien qui parlent devant des millions de gens tous les jours et dont c'est le métier pour certains ne s'imaginent pas une seconde que le fait de mettre ces rappeurs sur le devant de la scène a un impact direct au sein de la société. Je parle des rappeurs, car l'exemple est flagrant, mais il y a aussi toutes ces personnalités piochées à droite et à gauche et dont le QI ne dépasse pas celui d'un bulot cuit et qu'on retrouve dans certaines émissions de télé-réalité regardées par des millions d'adolescents. De nos jours, il y a des gens qu'on surnomme « influenceurs » (excusez du peu) qui sont suivis par énormément de personnes, qu'on paie pour porter une marque ou pour transmettre une idéologie… Rendez-vous compte de l'impact ? Et ils sont pour la plupart suivis par des ados. Qu'on le veuille ou non, ces gens éduquent vos enfants à travers leurs performances totalement vides de sens, mais aussi à travers leurs fréquentations et amis s'inspirant des mêmes personnages. C'est une éducation environnementale malsaine qui s'instaure dans la tête des jeunes… Du vide et sûrement une envie de leur ressembler en faisant pareil ; c'est-à-dire de l'argent facile sans avoir le moindre talent, sans produire le moindre effort. Si certaines stars d'avant montraient une profondeur d'âme à travers des valeurs, les stars de maintenant montrent une apparence physique à travers du vide et des vices.

De nos jours, un gosse passe son temps libre à écouter et regarder ces personnalités, sans que les parents ou professeurs soient au courant. Il serait grand temps d'en prendre conscience ; qu'on vire droit à la catastrophe si on continue à laisser faire. Mais comme l'argent et le sexe font bon ménage, on est mal barré... Ces pseudos célébrités sont juste une représentation directe de notre société pourrie... Pensez-y.

• La mort : avons-nous vraiment peur de la mort ou est-elle une représentation symbolique qui dissimulerait d'autres peurs ? De ne pas avoir donné assez, d'amour, de sa personne ? De ne pas laisser une trace de son passage ? De ne pas savoir ce qui nous attend ? D'être recouvert par ce tapis sombre du néant auquel on sera confronté un jour ou l'autre ? De ressentir cette angoisse de savoir que l'on va mourir sous peu, pouvant transformer ce sentiment petit à petit en souffrance ?

J'aurais une question pour vous : pourquoi la mort serait-elle quelque chose de dramatique ? C'est pourtant quelque chose qui nous concerne tous, chaque être vivant. C'est le fait de mourir, et qu'il y ait une fin à tout qui nous permet justement de savourer pleinement la beauté de la vie. L'immortalité n'aurait aucun sens et les choses seraient dépourvues de saveur. Forcément la logique voudrait qu'on meure tous d'une manière naturelle, de vieillesse, dans un sommeil profond. Qu'est-ce qui nous en empêche d'ailleurs ? Les maladies dues à un environnement pollué ? Les accidents dus à un empressement et à une société qui base tout sur le temps et l'argent, et due au fait qu'on s'entoure de choses dangereuses et mortelles ?

Il est évident pour ma part qu'une mort non naturelle est une mort évitable. Puis, encore une fois, on a tout à y gagner à penser qu'une vie nous attend après la mort, que notre âme est éternelle. Si c'est le cas, tant mieux et pas mal de choses changeraient dans notre société, y compris notre peur de la mort ; puis au pire si ce n'était pas le cas, tant pis, on ne se saura pas. Autant vivre avec l'idée que la vie continue après notre mort, peut-être que ça nous permettrait de vivre celle-ci plus vertueusement. Je pense aussi que c'est justement le fait de penser n'avoir qu'une vie qui nous pousse à profiter des vices et des folies en tout genre. « Allez, profite, on a qu'une vie » combien de fois je l'ai entendu... Tandis que si l'on était tous persuadés que notre âme est éternelle et que donc plusieurs vies nous attendent, il va de soi que beaucoup réfléchiraient à deux fois avant de commettre une bêtise...

• Les accidents de la vie : vous savez combien il y a de décès en France chaque année ? 650 000. Parmi ces 650 000, combien y a-t-il de morts naturelles de vieillesse ? Difficile d'avoir les chiffres, mais vous serez d'accord avec moi pour dire qu'ils ne sont pas nombreux à avoir cette « chance là ». Ce qui est assez intéressant d'ailleurs. Pour conclure, tout le restant représente des morts évitables pour ainsi dire. On parlera là de beaucoup d'accidents et de maladies. Ce qui baisserait sensiblement les statistiques. À nous ensuite de réguler les naissances pour vivre dans une société équilibrée.

En ce qui concerne les accidents : engins motorisés, loisirs, actions de la vie quotidienne, etc ; ils ne font pas que des blessés graves, mais aussi des décès… Apprendre qu'il y a eu un accident dans sa famille est quelque chose qui fait peur… ça peut détruire moralement. J'ai connu, étant jeune, un homme qui était plagiste et qui ouvrait sa plage à 7 h. Un soir, il est sorti de boîte de nuit et s'est directement rendu sur son lieu de travail. Sur le trajet, il a heurté la voiture qui arrivait en sens inverse. Résultat des courses : trois morts, trois familles déchirées qui auront beaucoup de mal à s'en remettre. Les deux personnes qui étaient à bord du véhicule heurté étaient un jeune couple qui venait de se marier… Je vous laisse imaginer l'ampleur des dégâts… Alors certes, il y a l'alcool qui joue son rôle démoniaque, mais, mais, mais… ce n'est pas l'arme du crime. L'arme du crime est cet engin motorisé super puissant. Cet accident était donc parfaitement évitable ! Je prends cet exemple parmi tant d'autres pour pointer du doigt le rôle meurtrier qu'ont tous ces engins super dangereux. Dans l'absolu, nous est-il vraiment nécessaire de vivre avec ces engins qui détruisent des vies et la planète ?

Pour ma part, je reste persuadé qu'il est dans notre intérêt de nous débarrasser de toutes ces sources qui causent du mal ou à la rigueur, de baisser drastiquement leur puissance. On utilise tous ces véhicules dangereux, car dans cette société, notre temps est précieux, tout doit aller vite ; nous avons des horaires à respecter, une indépendance à nous procurer. Comme le dit bien cette fameuse citation stupide : « Le temps c'est de l'argent ! » C'est étonnant de constater que la source du problème reste à chaque fois inchangée...

•Covid-19 : Parlons de cet événement qui a chamboulé la terre entière ; le coronavirus. Encore une fois, ils sont très malins les mecs. Grâce à toute cette mascarade du Covid, où les gens ont eu peur pour leur famille, leur travail, et où on va jusqu'à les enfermer littéralement chez eux (ça reste incroyable quand on y pense), et bien maintenant, les gens osent penser, osent croire, osent dire... que la vie d'avant était belle et qu'elle nous manque. Les gens attendent avec impatience un « retour à la normale », à la vie d'avant Covid. Il n'y a rien qui cloche là-dedans ? À quel moment la vie d'avant-Covid était… belle ? Non, mais je tombe des nues quand j'entends un « vivement la vie d'avant » parce que si pour vous, aller au restaurant, à un concert ou autre vous rendaient heureux. Mais quelle désillusion, quelle tristesse et quel égoïsme ! La fameuse vie d'avant n'était ni plus ni moins la même chose, sans les théâtres et les restos… Une vie médiocre et difficile pour la grande majorité des gens qui pensent décompresser devant un divertissement. Oui, forcément que pour ceux qui ont de l'argent à dépenser, les restaurants peuvent leur manquer… Je vais vous plaindre ! Quelle tristesse de ne pas pouvoir aller au restaurant, hein ? De ne pas pouvoir aller manger ces délicieuses gambas pendant que des gens se suicident ou se font assassiner… Oui, magnifique ! La vie d'avant me manque terriblement à moi aussi…

Je profite du sujet pour y faire un aparté, une remarque sur cette maladie virulente qui tue tout sur son passage… Ou pas. Qu'est-ce qui s'est passé messieurs dames ? Donc maintenant, de savoir que des gens de 85 ans avec des comorbidités meurent à cause du virus, c'est la panique générale mondiale ? Non, mais on se moque du monde-là ? 100 000 morts (officiellement…) en France du Covid en un an ? OK. Donc, comme je l'ai mentionné au point précédent, il y a 650 000 morts en France chaque année, où sont les

550 000 restants ? On n'a rien trouvé de plus intelligent à faire que de fermer un pays, une planète pour des personnes très âgées, vulnérables avec des comorbidités ? Ok admettons… Pourquoi on ne fait pas la même chose pour le reste des maladies qui tuent ? Pourquoi on continue de vendre des cigarettes au tabac alors que c'est littéralement une arme de destruction massive ? Le tabac est un virus qui s'installe et nous pourrit sur le long terme. Pourquoi on continue de vendre de l'alcool ? Non, mais vous rigolez là… L'alcool lui-même fout un désordre monstre en société ! L'alcool est un poison, un virus qui déglingue et pourrit le corps et le cerveau, c'est une boisson qui décuple nos émotions et nous fait faire les pires choses sans le moindre recul ni réflexion. L'alcool est à l'origine d'une autodestruction massive, mais elle est aussi à l'origine d'énormément de violence. Et personne ne dit rien… personne ne fait de remarque, même pas de la part de nos experts de l'information sur les plateaux télé ! Il est normal pour les puissants de continuer à vendre tous ces poisons, car on parle de milliards… Mais pourquoi vous le peuple, ne dites-vous rien à ce sujet ? Je suis moi-même fumeur et il m'arrive de boire, comme beaucoup de gens… Mais je trouverais ça sain et tout à fait normal que dès demain la production et la vente de tabac, d'alcool et de drogue soient supprimées… ça me paraîtrait tout à fait naturel, c'est du bon sens. Forcément qu'en disant cela, je ne pense pas qu'à moi,

mais aussi à ma famille, à vous, à l'humain et aux générations qui vont nous succéder. Il est évident que l'Homme ne doit pas consommer des choses qui nuisent à son bien-être. Parce que la malbouffe tue énormément aussi. Mais bon, faut croire que le Covid est notre plus gros problème de santé... Ils sont malins quand même...

• Amérindien : une civilisation dont on ne parle pratiquement jamais, ni à la télé ni à l'école, et qu'on fait passer pour une civilisation malsaine, sauvage. L'inverse aurait été étonnant... On parle bien d'un peuple qui était capable de cohabiter sans l'utilisation d'une monnaie. Un peuple qui tuait uniquement pour se nourrir et utilisait les peaux pour se protéger du froid et de l'étanchéité, avec tout le respect qui était dû à l'animal. Un peuple qui cultivait un savoir-faire, une certaine spiritualité. Forcément que, lorsque notre esprit est libre de toute contrainte, la préoccupation première devient l'amour, la connaissance et la spiritualité. Leur mentalité n'était pas de tuer plus de bisons pour les revendre à un « marché », de se faire des collègues pour élargir le business de bisons ou autres, où l'intérêt commun deviendrait le profit et non le reste... Instaurant par la suite des possibilités de mensonge, trahison, corruption, domination, crime, etc. Vous connaissez la suite... Non leur truc à eux, c'était de prospérer en compagnie de leur famille et de la nature, acquérir du savoir pour le partager avec les générations d'après. Découvrir, expérimenter et transmettre ; c'est la science, c'est la nature de l'Homme, c'est ce que faisaient les Amérindiens et d'autres civilisations similaires, comme les aborigènes d'Australie. J'aimerais bien qu'on m'explique pourquoi des civilisations aussi intéressantes que celles-ci, ne sont-elles pas représentées ou prises en exemple ou enseignées à l'école ?

Une pierre deux coups. Un génocide de plus de quarante millions d'Amérindiens pour des terres et pour faire disparaitre un peuple qui n'aurait rien apporté à ce monde devenu totalement capitaliste. La logique voudrait qu'on s'inspire d'eux, au minimum de leur philosophie, de leurs pensées, mais il n'en est rien, on préfère nous parler des tyrans plutôt que des sages. On préfère nous parler de ceux qui détestent la vie plutôt de nous parler de ceux qui l'aiment. Je ne dis pas qu'ils sont parfaits, loin de là, mais je pense qu'il était sur la bonne voie. La connaissance de l'Homme nous permet de nous unir et non de nous diviser, nous permet de partager et non de vendre. Il faut nous organiser autour de valeurs à l'image des « primitifs » Amérindiens.

• Les milliardaires : 2 153, c'est le nombre de milliardaires recensés dans le monde en 2019. C'est 1 700 milliardaires supplémentaires depuis l'année 2000. Je ne sais pas si on se rend bien compte de ce que ça représente là...

Une question me turlupine : à quel moment, toi, milliardaire, tu dors bien ? Je ne critique pas le fait que tu sois riche ni la manière dont tu y es parvenu, on s'en moque, ce n'est pas ça dont il est question. Comment tu peux dormir sur tes deux oreilles en étant conscient que tu n'utiliseras pas tout ton fric et qu'à côté... 20 000 gosses meurent de faim chaque jour... qu'il y a des gens qui se tuent pour vingt euros. Et toi, milliardaire, tu dors bien ? Non seulement tu ne fais rien pour arranger les choses comme tu le pourrais, mais en plus de ça, tu laisses le smicard mettre cinq balles à chaque Téléthon, resto du cœur ou autre association... ? Ce sont des organisations où des pauvres aident d'autres pauvres en somme, je trouve ça fascinant personnellement. On parle quand même de 2 153 personnes qui pourraient demain, éradiquer la pauvreté et diminuer sans doute la violence de moitié ! Ça serait énorme. Je parle de ce nombre important de milliardaires certes, mais il y a combien de millionnaires ? Et de millionnaires pas loin du milliard ? Je veux dire qu'avec un peu de bonne volonté, ensemble, nous pourrions améliorer grandement la totalité du monde ! Mais non... il n'en est rien. Chacun pour soi !

D'où mon profond respect pour ces très grands Hommes qui gardent toujours le sourire et dorment sur leurs deux oreilles face à cette souffrance planétaire. Sachant que beaucoup de personnes riches possèdent tout ce dont peut rêver un pauvre. Pourquoi leur arrive-t-il de se suicider ? Quelle leçon… Ceux qui ont compris la vraie nature de l'Homme, de la vie, ne commettent pas ce genre d'actes d'une extrême violence, d'une extrême tristesse et d'une extrême solitude. Le fait que ça soit des gens qui n'ont aucune raison de se suicider, mais qui le fassent quand même. Cela devrait nous faire cogiter un minimum, nous obliger à nous remettre en question, mais penses-tu ! « L'argent fait le bonheur ou y contribue fortement ». Mais quelle phrase inhumaine, approuvée par quasiment la totalité des gens.

•Jean-Claude Van Damme : pourquoi ce petit sourire narquois en lisant le sujet ? Si ça été le cas, je peux le concevoir, ce n'est pas de votre faute. Déjà, vous ne le comprenez pas, puis on vous a un peu conditionné à vous moquer de lui. Pourquoi on se moque de lui par rapport à ce qu'il dit et de la manière dont il le dit ? Avons-nous au moins essayé de comprendre ce qu'il voulait dire avant d'en rire bêtement ? Non… pour la simple et bonne raison que ce qu'il dit n'a rien à voir avec l'enrichissement personnel et matériel. Quand on se moque de lui pour le mot « aware » par exemple, c'est d'une débilité profonde. Une double débilité, car on se moque du mot sans rien y comprendre. « Aware » veut dire littéralement « conscience ». Déjà, on ne se moque pas d'un mec qui a tout réussi dans la vie et qui est un exemple d'un point de vue santé physique (je ne parle bien évidemment pas des vices qu'il a rencontré durant sa vie et qu'il a surmonté). Et on ne se moque pas non plus d'un mec qui te parle de conscience vis-à-vis des choses qui t'entourent. Le mot aware pourrait être le titre du livre tellement son importance est grande. C'est justement à cause de ce manque cruel de gens aware que notre société est telle qu'elle est. Donc oui, c'est débile de se moquer de Jean-Claude VD et non, il ne raconte en aucun cas des bêtises. C'est juste compliqué d'exprimer avec des mots ce qui est du domaine de l'invisible, de l'ésotérisme, de l'inexplicable. C'est de toute cette spiritualité, de cette connaissance et de cet amour, si existentiels à l'Homme que tente de nous parler ce grand homme JCVD.

Ce que je tente de dire à travers ce livre est une sorte de AWARE des choses qui nous entourent. Que tu vives plus à travers ton être qu'à travers ton identité ; c'est ce que Jean-Claude VD essaye de faire comprendre aux Français. L'importance de s'écouter soi-même, d'écouter son cœur, cette petite voix en nous qui nous veut notre bien. La nécessité de viser sa passion et d'aller jusqu'au bout, coûte que coûte. Vouloir faire de l'argent, pourquoi pas, mais avec envie, sans nuire à qui que ce soit tout en s'enrichissant, c'est beaucoup mieux.

CHAPITRE 11 : VISION UTOPIQUE D'UN MONDE NORMAL

LIBERTÉ – ÉGALITÉ – FRATERNITÉ

Avant toute chose, il faut bien avoir à l'esprit que tout problème comporte sa ou ses solutions et qu'il est donc nécessaire de les rechercher pour résoudre ces problèmes pour notre bien à tous. Que dans un monde sans argent, la priorité n'est donc plus de s'enrichir matériellement, peu importe les moyens, mais d'enrichir notre être, d'élever l'être humain et d'embellir notre système de vie en y trouvant les solutions les plus adaptées et les plus optimisées sans pour autant détruire ni même polluer la nature, qui fait partie intégrante de notre être.

Je vais faire appel à votre bon sens pour que vous essayiez de comprendre où je veux en venir. Je tiens à dire que je n'ai bien évidemment pas la science infuse, mais que dans cette recherche d'un monde meilleur, dans cette construction d'une société nouvelle alternative, il existe des fondamentaux qui sont à la base de chaque sujet.

Exposé des faits d'un monde sans argent

1. <u>Liberté et béatitude</u>

• Une société où la sérénité habite chaque être humain, car l'énorme stress que cette vie économique procure n'est plus.

• La disparition des tentations malsaines et perfides.

La disparition du superficiel, de l'apparence primant sur la profondeur.

La disparition de l'hypocrisie envers quelqu'un pour se faire bien voir ou arriver à ses fins, des liens créés par intérêt.

La disparition de la dépendance des autres pour survivre, et de l'argent ; c'est quelque chose d'important à savoir. C'est la totale indépendance que peut avoir un Homme libre dans un monde libre.

2. <u>Le respect de l'être vivant et de ses congénères</u>

• La violence physique et psychique vis-à-vis d'autrui devenue inexistante, car inhumaine et contre nature ; elle est en lien direct avec l'argent et l'ignorance... Il semblerait donc qu'il n'y ait plus aucune raison de l'être ! (Vous conviendrez que la violence est un problème capital).

• Les accidents de la vie totalement évités : je pense par exemple que la voiture est actuellement un outil puissant et dangereux, servant principalement à se rendre à son lieu de travail lointain, le plus rapidement possible. On sait qu'elle est à l'origine de beaucoup d'accidents mortels et qui, par ailleurs, polluent énormément (à la limite, seuls les désireux pourraient pratiquer sur un circuit, comme tous les autres domaines dits violents ou dangereux). Vous imaginez bien que dans un monde sans argent, l'urgence d'arriver à l'heure sous peine de se faire virer ou de rater une vente ou un rendez-vous n'existerait plus. Nous pouvons nous permettre d'utiliser plus souvent la marche, le vélo ou de trouver la solution à un système « automobile » qui ne polluerait plus et où la vitesse serait considérablement réduite. Forcément que pour les personnes plus âgées et les plus jeunes, ou pour les trajets plus lointains, la possibilité d'utiliser des tramways ou trains serait aussi l'idéal. Je n'ai aucun doute en la capacité de l'Homme à trouver des solutions.

3. <u>Éducation saine et optimisée</u>

• Des parents qui ont assimilé les bases d'une éducation saine, permettant par la suite d'appliquer ce savoir-faire pour leur(s) enfant(s).

• Une éducation environnementale forcément saine puisqu'elle serait la représentation de nos liens sociaux devenus solides.

L'information n'est en réalité qu'un outil permettant un partage de toutes les informations nouvelles et complémentaires en rapport à l'Homme. Il est un intermédiaire diffusant la connaissance au sens large, que ça soit sur la santé, la technologie, la médecine, la philosophie, la nature, des solutions nouvelles, etc.

Force est de constater que les écrans nous éloignent de la réalité, de la vie (certes les écrans sont essentiels et efficaces, mais il y a trop d'abus et de contenus superficiels).

Comme une société sans argent est une société sans violence, forcément, nos liens seraient plus solides. Et du coup, on n'aurait plus peur de se fréquenter et de sortir à n'importe quelle heure. Je ne dis pas qu'il n'est pas agréable de se retrouver devant un bon film ou une série, je dis juste qu'il est dans notre intérêt d'y passer le moins de temps possible. Pour beaucoup, la solitude ou la peur les obligent à rester devant un écran.

• Une éducation scolaire représentée par des professeurs passionnés par la transmission du savoir dans des matières indispensables à la bonne évolution d'un petit être humain.

Le programme scolaire des enfants de 3 à 17 ans n'a jamais étonné personne ? Nous faut-il avoir les bonnes informations et la conscience qui l'accompagne pour s'en rendre compte ? À quoi sert concrètement d'apprendre l'histoire à l'école ? C'est de la culture générale qui ne nous sert ni dans notre vie privée ni dans notre vie professionnelle, alors pourquoi enseignons-nous l'histoire à nos enfants ? Pourquoi, dans ces cas-là, ne pas nous enseigner la beauté à travers les âges plutôt que les dérives de l'Homme à l'image des guerres ? … Où est l'avantage de nous parler des grands tyrans au lieu des grands penseurs ? Sans compter qu'elle représente une matière importante niveau nombre d'heures. Si encore c'était une matière similaire aux mathématiques, qui ferait travailler les neurones, mais il n'en est rien. Ce ne sont que des informations futiles à apprendre par cœur.

Sachez que mon plus grand rêve, au-delà de faire un film prouvant la possibilité d'un monde meilleur, serait de bâtir une école comme je l'entends, une école capable d'enseigner les bases idéales. Du coup, je vais vous exposer les matières qui seraient à mon sens indispensables pour le développement d'un petit humain. Forcément, les matières dont je vais vous parler sont les mêmes (selon moi) que l'on pourrait retrouver dans une société sans argent, où seul l'enrichissement intellectuel est nécessaire. Les matières exposées ci-dessous resteront les mêmes pendant toute la scolarité. Il y a juste de différents degrés de compréhension vis-à-vis des sujets, et la complexité de ces derniers évoluera avec les années.

La connaissance

La nature → l'étude de la faune et la flore : ses caractéristiques et son fonctionnement.

La physique et l'astronomie → l'étude des particules : micro-État et macro-état.

La biologie du corps et sa chimie → pour comprendre le fonctionnement du corps humain et le maintenir en bon état à travers l'alimentation, les pensées positives, la respiration consciente, les exercices, etc.

La psychologie → pour comprendre le fonctionnement du cerveau et maîtriser ses pensées, ses émotions.

Les maths et la numérologie → pour exercer sa logique, son bon sens, sa réflexion. Pour comprendre et prendre conscience que les maths sont partout dans l'Univers, la Nature et l'Homme (à l'image du nombre d'or).

La langue et le langage → maîtriser sa langue et les langages alternatifs.

S'interroger :

Ésotérisme → découvrir et s'interroger sur les mystères qui entourent la vie.

Philosophie → s'interroger sur l'existence de l'Homme afin de mieux le comprendre, de mieux se comprendre.

Découverte pratique :

L'Art → Pour accroître sa créativité et sa sensibilité et peut-être d'y trouver une passion.

Le sport → Pour maintenir son corps en bon état et d'y instaurer une harmonie.

La spiritualité → Pour maintenir son être en bon état et de se recentrer. Permet l'harmonisation de tout son être (corps, âme, esprit). De se connecter à la conscience collective et d'instaurer un naturel respect envers tout être vivant. Prendre conscience que toute vie est belle et précieuse.

• Une « politique » composée en partie de philosophes ; leur rôle est de nous guider vers la bonne direction à suivre en tant que civilisation humaine et en tant qu'Homme. Qui d'autre qu'un philosophe pour incarner au mieux cette fonction-là ?

Le « gouvernement » ne serait rien d'autre que des personnes expérimentées, intelligentes, mais surtout très sages et honnêtes, ayant comme seule ambition le bien-être de l'espèce humaine, car c'est le seul objectif de ce poste. On peut très bien concevoir le fait qu'arriver à un certain âge, certaines personnes auraient le recul, l'expérience et la réflexion appropriés pour guider et maintenir le monde vers l'harmonie la plus totale. Il n'est pas question de parler de pouvoir ni de domination. Fini les concours d'ego où l'on veut montrer que l'on est le meilleur, peu importe la manière. Tout débat se voudrait naturellement constructif, car si deux idées sont en désaccord, nous pourrions compter sur leur bon sens pour faire en sorte de trouver et de valider la meilleure option.

4. <u>Uniquement des métiers dont l'existence est indispensable</u>

• Une société constituée de métiers qui servent l'intérêt humain et non financier. Beaucoup de nos métiers actuels sont inutiles, ajoutez à cela les métiers qui seraient contournables par le biais d'une hygiène de vie et d'une mentalité différente.

5. <u>Liberté professionnelle</u>

• Dans son activité principale (au travail), la disponibilité de chacun serait par rapport à l'envie et l'urgence du moment. On sait qu'exercer une activité pendant quelques heures par jour en moyenne est largement suffisant pour être productif (comme pour tout, la qualité prime sur la quantité) ; un jour, ça peut être plus et l'autre moins, tout dépend de l'envie du moment et si ce n'est pas important, ce n'est pas grave. On sait, par ailleurs, que des personnes épanouies dans leur travail sont beaucoup plus productives que des personnes stressées qui n'aiment pas ce qu'elles font. Inutile de vous donner des exemples pour le côté « urgent » des choses, surtout dans un monde fraternel.

6. <u>L'envie d'accomplissement</u>

• Chacun exercerait tout ce qu'il lui semble épanouissant d'entreprendre, ce qui garantirait : plaisir, passion, détermination, perfectionnisme et envie d'aller plus loin. Du coup, l'excellence ne serait pas une chose rare, mais commune à tout Homme désirant bien faire dans son ou ses domaines.

On voit bien dans notre monde actuel que dans chaque domaine existant, on retrouve des passionnés. Pour le devenir, il nous faut découvrir ce domaine qui va nous émouvoir. Très souvent c'est par le biais d'une transmission de parent à enfant, d'une personne que l'on admire. Tant qu'il s'agit d'un métier existentiel qui sert la bonne cause, car personne ne se passionne pour un travail dit alimentaire. Vous serez d'accord avec moi pour dire que le métier d'éboueur ou de caissier n'intéresse absolument personne et que ce sont des métiers parmi plein d'autres qui n'ont pas leur utilité dans un monde meilleur (normal). Chaque métier est enrichissant et peut viser l'excellence, s'il ne l'est pas, c'est qu'il n'est pas nécessaire.

• Si l'on peut imaginer l'accomplissement d'une vie comme un bel arbre qui fleurit, je dirais que les racines représentent l'amour, le tronc représente la connaissance, les branches représentent l'expérience du savoir accumulé, les feuilles représentent le partage de ce savoir aux autres, et les fruits en sont le résultat ainsi promulgué. Mais pour donner de bons fruits, l'arbre a besoin d'un bon environnement au même titre qu'un humain.

7. <u>Égalité et fraternité</u>

• L'entraide, la camaraderie, la complicité et la confiance sont des notions tout à fait naturelles entre nous. Elles le sont dans notre monde actuel, alors imaginez dans un monde sans intérêt financier derrière la tête… « Seul, on va plus vite, ensemble on va plus loin » ; ce ne sont pas les exemples qui manquent. Même dans le monde de la faune et de la flore, c'est le collectif qui permet souvent de survivre. Fini la solitude, les différentes classes sociales, la peur de l'autre, la recherche de contrepartie, etc.

•Niveau alimentation, je pense que chacun aurait ce qu'il lui faut tout en évitant le gâchis monstrueux des gens en général. Partant du principe que beaucoup seraient végétariens en définitive, la qualité et l'efficacité seraient au rendez-vous. On respecterait la vie animale et on éviterait toute cette industrie chimique de la « malbouffe ». Les gens, grâce à plus de temps libre et à une vie plus sereine et apaisée, auraient plus de volonté à préparer eux-mêmes leurs repas. Inutile de vous dire que la solitude serait terminée et que bon nombre de repas entre amis et entre voisins se feraient.

Non seulement cette hygiène de vie assure un bien-être, mais en plus, on évite par la suite de consommer le moindre aliment retravaillé chimiquement qui, en plus de ça, permet aussi d'éviter tout un tas de déchets : papier, plastique ou alimentaire. Tout le monde sait que les épluchures peuvent atterrir directement dans un coin du jardin, permettant de faire du compost pour rendre la terre plus saine, plus vivante. S'il s'avérait qu'un foyer ne désire pas cultiver, il va de soi que ses amis et voisins pourraient leur fournir le surplus, ou qu'un passionné et « maître » en agriculture qui a décidé d'en faire son activité principale pourrait distribuer ses denrées alimentaires à tout son village. Je sais qu'il est difficile pour vous de valider cette option, mais c'est la plus cohérente. Tout est une question de mentalité. Imaginez que chaque habitant et « professionnel » mette régulièrement leurs denrées alimentaires dans d'immenses frigos au cœur de la ville où chacun aurait la possibilité de s'approvisionner. Où est l'intérêt d'avoir les yeux plus gros que le ventre et de prendre la part d'un autre ou d'en prendre une qu'on ne consommera pas en fin de compte ? Prendre la part d'un autre, c'est ne pas le respecter, et notre éducation fera en sorte de nous le rappeler. Même de nos jours, nous sommes capables de partager toute chose avec notre partenaire de vie, nos enfants, nos parents, nos amis et même avec de parfaits inconnus pour certains... Donc, pensez-vous vraiment que nous sommes incapables de l'être avec nos voisins dans un monde idéal (ou normal) ?

« Il y en a qui vont en profiter ! » Bien sûr que non... Et même si c'était le cas, ces gens seraient dans l'ignorance et la bêtise, non seulement ça se soigne, mais en plus ils baigneraient dans la culpabilité et après, ça se passe entre eux et leur conscience.

8. <u>Le maintien d'une harmonie</u>

•La spiritualité ferait partie intégrante de notre culture et de notre quotidien, elle rentrerait dans nos mœurs. Trouver un ou des moments dans la journée (de préférence le matin) pour méditer ; une activité qui nous connecte à la conscience collective, à l'univers et surtout à nous-même. C'est une activité bénéfique qui participe activement à la santé mentale et physique de notre être. La solitude est péjorative pour la plupart des gens, mais en réalité les moments de solitude sont indispensables pour la réflexion profonde et la remise en question.

•La mort naturelle devenue naturelle : en recevant de vraies informations sur la connaissance globale, en recevant de l'amour, des remerciements et de la reconnaissance, en évitant le plus possible les accidents de la vie en y cherchant des solutions, tous les produits alimentaires nocifs, le stress, la peur et la haine, évitant de salir davantage notre environnement et notre atmosphère, en évitant tout type de violence, on évite en définitive un paquet de maladies et de morts inutiles. On est bien d'accord que la seule mort enviable est une mort naturelle de vieillesse ; la fleur fane et meurt, non pas, la fleur se fait arracher, piétiner, empoisonner ou ne se fait pas entretenir et meurt.

CONCLUSION

Répondons à deux questions que vous vous posez sûrement, à savoir : comment, de nos jours, une société sans argent pourrait-elle fonctionner ?

Forcément, à première vue, ça a l'air impossible et inenvisageable... Il est évident qu'aujourd'hui, nous ne sommes pas prêts, car trop conditionnés à vivre par rapport à l'argent et à la consommation. Donc, la simple idée de le concevoir nous paraît utopique. Notre mentalité et notre éducation sont bien trop primitives pour nous permettre de percevoir un changement brutal de paradigme. Rien ne se fait du jour au lendemain et encore moins de cette ampleur-là... Du coup, comme Rome ne s'est pas faite en un jour, la meilleure stratégie à adopter en attendant d'être plus nombreux à le vouloir serait tout simplement d'avoir une hygiène de vie différente, procurée par cette connaissance de l'Homme. De se rendre compte par la suite que tous nos problèmes découlent de l'argent... Une fois cette prise de conscience atteinte, il est de notre devoir d'en parler aux autres, d'instiller cette petite graine (chose que je suis en train de faire avec ce livre). Ça ne passera que par le partage d'informations !

Pour cela, il est très important de s'ouvrir davantage l'esprit et de réfléchir sur les aspects réels qu'une vie sans argent aurait à nous offrir, à tous. Je ne vous parle pas d'un remède de grand-mère pour soigner un rhume, mais d'un remède humain pour atteindre l'épanouissement collectif. De plus, cette philosophie ne peut que vous apporter un véritable bien-être d'un point de vue individuel ! Certains n'ont jamais goûté à cette sensation de plénitude, l'espace d'une journée ou d'un instant, alors que ce ressenti, tout à fait exceptionnel dans notre société, devrait en réalité être notre quotidien...

Pourquoi ce système de vie serait-il idéal pour nous tous, et pourquoi nous ne l'appliquons pas ?

Pour commencer, il faudrait véritablement prendre conscience qu'il est inutile de vouloir s'occuper de problèmes tels que la violence, sans comprendre l'aspect psychologique d'un être humain à travers son apprentissage de la vie. On ne devient pas quelqu'un « de bien ou de mal » sans raison, on le devient grâce ou à cause de notre parcours de vie, de notre expérience, de notre éducation. Je le répète, nous sommes le résultat d'une équation complexe, et dans cette équation, il y a tout notre passé et tout notre vécu.

Si je parle d'un monde sans argent, cela sous-entend que la notion de travail n'existerait pas et que chacun serait libre de faire l'activité qui lui plaît et du plaisir de faire un métier (une ou des activités) que l'on aime, pour notre bien-être et celui des autres.

Faire en sorte que nous tous, formions une unité, de manière à ce que tout se fasse dans l'amour de notre civilisation et donc, des autres, créant une harmonie comme dans un corps humain où chaque cellule, chaque bactérie et chaque organe ait sa fonction pour le bien-être du corps entier. Beaucoup d'animaux et insectes réussissent à vivre en société sans problème, à l'image des fourmis par exemple, rajoutez-leur la connaissance et l'amour et elles deviendraient géniales… Pourquoi se feraient-elles la guerre entre elles ? Rajoutez-leur une monnaie et là, ça serait l'hécatombe… À l'heure actuelle, tout ce qu'on a, c'est de la fausse connaissance, c'est pire que l'ignorance, car elle se manifeste sous la forme de bêtise.

Chaque Homme prendrait donc du plaisir à faire son activité et la ferait pour le bien de tous. Il la ferait avec plaisir à défaut de vouloir la faire uniquement pour sa haute rémunération ; mon fils est médecin, donc il gagne beaucoup d'argent. Non, mon fils est médecin, car il aime ce métier et veut aider les autres, peu importe les conditions ! Car tel aura été son choix, sa vocation, faisant en sorte de l'approfondir, de le perfectionner et de l'enrichir avec passion, tout en ne se reposant pas sur ses acquis.

Je pense que la connaissance, dans chaque domaine, ne possède pas de limites et qu'il est important qu'un homme expérimenté, peu importe son domaine, partage tout son savoir-faire aux générations qui vont lui succéder. Un père éduque son fils pour sa vie à venir autant qu'un maître éduque son élève pour son ou ses activités à venir. Dans cette optique, on verrait la disparition de bon nombre de métiers inutiles et l'apparition d'une technologie très avancée, faisant profiter tout le monde. Le savoir de l'Homme au service de la technologie et l'efficacité de la technologie au service de l'Homme. Non pas pour avoir plus de profit financier, mais pour plus de tranquillité au quotidien. L'Homme de nos jours, est déjà apte à créer des machines capables de fabriquer tout type de choses, comme en témoigne notre société actuelle, mais rajoutez à cela un bonheur quotidien pour tous et un intérêt plus grand que celui de s'enrichir financièrement, et là... L'avancée ne sera plus une question financière qui profitera à une poignée de gens, mais une question d'excellence qui profiterait à l'ensemble de l'espèce humaine. Aucune créativité ne sera freinée par l'argent au bénéfice de tous !

Une société sans argent inclut bien évidemment les notions de respect et de partage. Il n'y aurait pas une façon de troquer un service pour un autre ou pour de la nourriture ou du palpable, les fourmis ne font pas ça, les bactéries non plus. Ils offrent leurs services par besoin. Une société qui fonctionne bien est une société où chacun est à sa place en fonction de ses qualités et de ses envies, à la seule différence qu'on ne parle pas de revenus, ni d'obligation, ni de corvée, mais bien de plaisir ! On parle d'un modèle basé sur le partage collectif, non pas sur la rentabilité individuelle. Un modèle ne laissant qu'un choix ; faire ce que l'on souhaite pour pouvoir garantir une envie de faire quelque chose de sa vie et de bien le faire procurant savoir, reconnaissance, confiance en soi, satisfaction personnelle et excellence. Il ne va pas être question de travailler pour survivre, mais de « travailler » pour s'épanouir ! Pas pour se payer à manger, un toit, des vêtements chauds. On ne travaille pas non plus pour faire fortune et s'autoriser tous les vices qu'un monde sombre tel que le nôtre a à nous fournir.

Annotation : Au fond de moi, je sais très bien que ce monde n'arrivera sûrement jamais de mon vivant. Qu'inévitablement on passera par un chaos mondial, et je tenterais de le mettre en partie en lumière dans mon prochain livre. Mais ne prenez pas à la légère ce qui a été dit dans celui-ci. Renseignez-vous sur certains aspects qui vous concernent ou vous intéressent et cela pourra assurément embellir la vie que ça soit la vôtre ou celle d'un proche, et peut-être même la sauver.

Mes remerciements

Si vous êtes arrivé jusqu'ici, je vous en remercie beaucoup. Je ne vous demanderai certainement pas de tout cautionner, mais si vous y réfléchissez ne serait-ce qu'un peu, ce serait déjà une victoire pour moi et surtout pour vous. Au pire des cas, vous passerez à autre chose que vous penserez moins sournois ; au mieux, vous le partagerez, trouvant le fond « intéressant ».

Bonne continuation et que l'amour soit en vous !